Découvrez l'histoire par les archives de presse

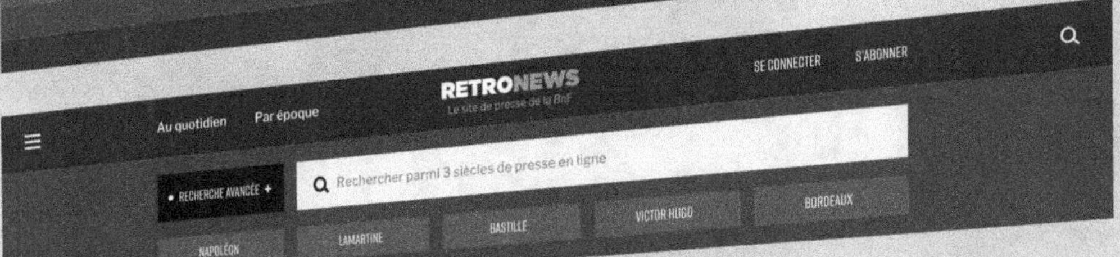

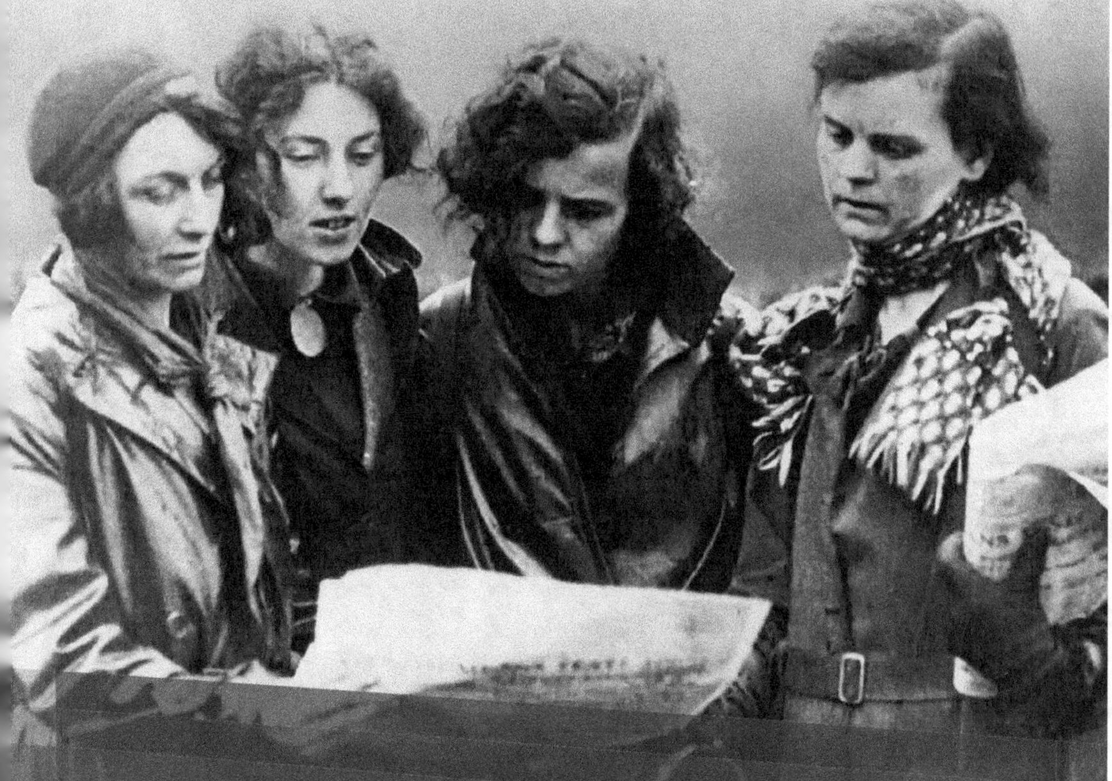

RETRONEWS

Le site de presse de la BnF

www.retronews.fr

DIMANCHE 14 JUIN 1908.

REDACTION : 39, Rue de Paradis, PARIS

Le N° 25 Centimes

Téléphone : 443-60

LA REVUE DES BEAUX-ARTS

Peinture — Sculpture — Architecture
Gravure — Musique

Renseignements Artistiques
Expositions — Concours

ABONNEMENTS
pour la
FRANCE
(Edition ordinaire 10 fr.
(Edition de luxe 20 fr.

L'édition de luxe contient chaque semaine des reproductions de maîtres, hors texte.

ÉTRANGER : 20 fr. et 30 fr.

Il n'est pas accepté d'abonnement pour une durée moindre d'une année, mais le paiement peut être effectué trimestriellement.

L'abonnement est renouvelé de plein droit, faute de prévenir par lettre avant l'expiration. Les règlements trimestriels doivent être adressés en mandats à l'administration, au cas contraire les frais de recouvrement (50 centimes) sont à la charge de l'abonné. L'abonnement part invariablement des 1er Janvier, 1er Avril, 1er Juillet et 1er Octobre. La Revue ne paraît pas du 15 Août à fin Septembre.

GAZETTE HEBDOMADAIRE
Fondée en 1830

Georges DRACK, Secrétaire

BUREAUX A LONDRES : 190, Piccadilly-W.

HENRY REVERS, Directeur

RÉDACTION : Jeudi et Samedi, 4 h. à 6 h.
SECRÉTARIAT : Lundi et Mercredi 2 à 4 h.

Administrateur, GEORGES RENE

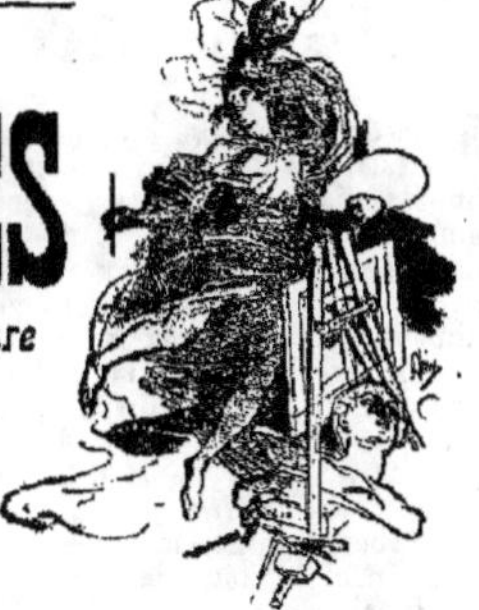

La Sculpture aux Artistes Français

Dans un chaos de tendances, où chaque peuple poursuit sa manifestation, l'art sculptural moderne se cherche.

Des rêveurs, que ne troublent pas les réalités ethnographiques, caressent le songe ingénu et vague d'une statuaire, qui serait le moule de l'âme occidentale et contemporaine aussi exactement que la statuaire grecque s'adapta à la pensée hellénique. Ils s'évertuent à vouloir discerner, parmi les apparences qu'essaient et que rejettent les stades de l'évolution sculpturale, celle que l'avenir adoptera comme représentant intégralement de notre période. Mais ils oublient que prime cette question : peut-il exister une statuaire qui soit un type unique pour l'universalité des hommes de race blanche ?

Le simple bon sens prononce la négative. Un art qui prétendrait à un caractère aussi général ne saurait jamais être qu'un art de convention, fait de traits imprécis, de traditions apprises, d'inconscientes réminiscences, esperanto plastique, auquel manquerait la véritable beauté : la vie.

Un art qui prétendrait..... Un art prétend, à l'encontre des multiples protestations de la physiologie, de l'histoire, de la psychologie ! L'homme contemporain s'épuise encore à faire entrer dans la matrice grecque la personnalité des races diverses, la composite pensée moderne.

Et le malentendu remonte loin ! C'est la Renaissance qui l'a établi, quand l'érudition affolée et aveugle s'est venue étouffer, sous la discipline antique, l'art autochtone. Malléable à l'extrême comme toute intelligence adolescente, l'esprit des peuples du XVᵉ siècle se laissa déposséder de son individualité, et induire à l'emploi de formes sculpturales qui ne participaient en rien de lui-même. L'élément latin, qui domine dans le Sud européen, et dont le prestige s'imposa longtemps, contribua, à cause des affinités qu'il s'y reconnut, à perpétuer un art d'une époque lointainement antérieure, d'un peuple dont la formation cérébrale, les conditions de vie sont antithétiques aux nôtres.

A la honte des races septentrionales, elles commencent seulement à s'aviser du non-sens qu'est la sculpture grecque appliquée à traduire leurs tempéraments, leurs tendances innées ou acquises.

La statuaire grecque, glorification du bel animal humain, louangé pour sa perfection corporelle, résultait tout naturellement des circonstances vitales. Groupement primitif, isolé dans une presqu'île, étranger au reste de l'humanité peu dense et éparse, les Hellènes *ignoraient*. Ils étaient tout instinct, et, selon cet instinct, ils improvisaient une civilisation. Logiquement ils ne devaient concevoir qu'une seule beauté : celle de leur race homogène, développée sans contraintes religieuses ou morales, de leur pays restreint, où la géologie est paisible et gracieuse ; de leurs mythes simples et dénués de métaphysique. Nous, plus âgés de tant de siècles et fils d'innombrables croisements, *nous savons*. Notre civilisation est faite de tout le passé, de toute l'histoire, de toutes les théogonies, de toutes les philosophies, d'intimes et immémoriales notions, agréées ou contrecarrées par les propensions des hordes dont se composent nos nationalités fictives. Nous ne pouvons, en vérité, plus résumer tout cela dans la musculature d'une harmonieuse bête de lutte ou de course.

Le genre homme, vieillissant, oublie son origine animale, et s'abstrait de plus en plus en la puissance intellectuelle. Les apparences de la nature ne sont pour lui que le signe de l'idée qu'il en prend. Aussi sa statuaire a-t-elle le devoir inéluctable de rendre sensibles des idées, par les formes vivantes et par les gestes subordonnés au type et à l'âme de chaque race.

Pour les membres de la famille géographique qu'on appelle France, c'est la statuaire gothique qui est l'art original. Si tourmenté de pensée et de symbole, il fut l'éclosion spontanée d'un idéal français, dérivé de l'intensive culture chrétienne et accepté par l'ensemble de peuples dont nous sommes issus.

Il n'est pas paradoxal de dire que, seules, les œuvres figuratives du génie national auront une importance spéculative au jugement des âges à venir. Les autres n'apparaîtront jamais que comme de plus ou moins brillants exercices de virtuosité.

* *

Examinons, sans adopter cet ordre de classement encore prématuré, les œuvres de sculpture exposées au Salon des Artistes Français.

Notre énumération suivra autant que possible la topographie du hall.

GROUPES. — M. Cordonnier, dans *Vision Hu... ..ie*, a eu l'intention très haute d'exp... ...r par la douleur, l'inquiétude, l'ango... ...impuissante, les conditions moral... ...la vie humaine. Il a réalisé cette c... ...ception par des formes expressives, dont les lignes claires, fondues dans l'atmosphère enveloppante, se rythment sculpturalement sur la face et le profil droit du groupe, mais s'éparpillent en brisures brusques, en angles importuns sur le profil gauche.

La Résistance, de M. Desca, prend, grâce aux plans larges, sans ressauts et sans ombres, une saisissante unité d'expression, un mouvement d'ensemble poignant comme un cri.

Dans l'*Œuvre*, par M. Charpentier, les lignes harmonieusement infléchies s'équilibrent selon des nombres presque musicaux.

On s'intéresse au scrupule de facture décelé par *La Fille prodigue*, de M. Verlet ; *le Pardon*, de M. Vérez ; *Agonie*, de M. Cartier ; *Boudeuse*, de M. Cherer ; *Pour l'Avenir* de M. Albert Lefeuvre ; *la Leçon de botanique*, de Mlle Moria ; *Piété filiale*, de M. Curillon.

M. Antonin Mercié a mis dans *La Bourrée*, dont toutes les lignes chantent délicieusement, une fine grâce coquette et pimpante.

Baiser à la source, de M. Coutheillas, symbolise ingénieusement, par ses plans horizontaux et parallèles, le mouvement fuyant et uniforme de l'eau.

Pauvres gens, par M. Picaud, est d'un dessin blond, simple et émouvant.

M. Boucher a doué son *Humanité* d'un sens d'universalité presque religieux, en la présentant indissoluble et hiératique comme une trinité théogonique.

Dans le *Monument à Edouard Barbev*, M. Sicard a tiré le pittoresque parti

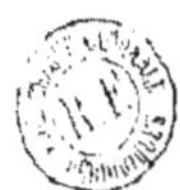

d'un thème assez quelconque. Contre la stèle, supportant le buste du bienfaiteur, il a groupé, en des attitudes de confiance filiale, d'humbles figures populaires, à toutes les périodes de la vie. Des plans simples synthétisant les plis coutumiers des vêtements sur les corps, peu de détails, l'absence de toute ombre profonde accentuent l'impression de quiétude et de paix.

Du *Monument à la mémoire de Jehan de Meung*, par M. Desvergues, le buste, de noble vie pensive, est surtout intéressant.

Rubor, de M. Descomps, est une œuvre de force et de vérité.

Le *Monument aux Vilmorin*, par M. Carlier, est un objet de marbre à destination horticole, à propos duquel nous préférons ne tenter aucune glose artistique.

M. Terroir a une exposition importante: *Adam et Ève*, groupe en marbre, d'une superbe puissance de désespoir et de passion; et *Seul dans la Vie*, bas-relief en marbre où s'indiquent des lointains de paysage très admissibles, dans un estompage savant.

Dans quel dessein ironique M. Michel a-t-il placé, au pied du *Monument d'Eugène Manuel*, cet ouvrier si joli, pommadé et cravaté à ravir, mi-ténor, mi-héros de drame libertaire? Procédant de la chanson, y aurait-il une sculpture rosse?

La *Mort de La Tour d'Auvergne*, par M. Lemaire, groupe de postures et de gestes un peu théâtraux, garde pourtant une certaine tenue architecturale, et se place bien dans l'ambiance.

Orphelins, de M. Balzukiewitch, se passeraient facilement de l'adjonction, superfétatoire et puérile, du chiot nouveau-né.

De M. Greber est un *Monument élevé par le Comité du Syndicat de la Boulangerie française à M. Lefort*, dont la stèle s'orne d'allégoriques gerbes de blé, curieusement massées et très décoratives sans essai de stylisation.

Une vie gracieuse, primesautière et animée, est dans *Les petites Marionnettes* de Mlle Laurent.

La Nation armée est résumée, par M. Colin, en quelques figures parisiennes, et même officielles, qui, dans des costumes imprévus, avec des allures qui ne leur sont pas habituelles, supportent le pavois de la Paix. Les musculatures aux solides accents sont très étudiées, et les poses d'un excellent rythme ornemental.

M. Théodore Rivière a symbolisé *La Vie* par ses deux aspects extrêmes: l'aïeule, sculptée de rides comme des hiéroglyphes de son passé; le tout petit, à peine formé à la vie organique.

M. Larroux a imaginé des *Pêcheurs d'Islande*, mignards et gentils, en la personne desquels ne se reconnaîtraient certes point les rudes compagnons de Yann Gaos: ces attitudes contournées sont tout-à-fait étrangères aux gens de la mer, êtres simples aux mouvements directs.

Verdun 1870, par M. Boverie, est le groupe d'un soldat et d'un vieux paysan hissant un canon, avec une unité d'effort qui matérialise puissamment l'unanime vouloir de défense, la cohésion acquise des instincts nationaux.

Les figures du *Monument à Jacquard*, par M. Roussel, ont des grâces de figurines, un peu disproportionnées à leurs dimensions.

Des caractères d'art sont dans *Pan et Syrinx*, sauvage enlacement de dieux demi-animaux, par M. Nicot; *A la Mémoire de Jules Verne*, avec un groupe d'enfants très naturellement disposé, par M. Roze; le monument aux nobles lignes du *Prince Barbo Stirbey*, par M. le Comte du Noüy; *Le premier Miroir, Fontaine*, dont les courbes élégantes accompagnent harmonieusement la chute de l'eau, par M. Alaphilippe.

Mme Ducrot-Icard a vu, dans quelque chambre de la Butte, ces rosses de *Parques*, qui tordent, emmêlent, embrouillent, tiraillent, sectionnent les fils de nos vies, tout en rigolant comme de petites baleines.

La Montagne, de M. Rolard, est un sujet trop touffu, exclusivement pictural.

Une grave sérénité, un apaisement mortuaire presque doux, sont dans le *Monument à Trarieux*, de M. Jean Boucher.

Les *Binious de Pont-l'Abbé*, par M. Quillivic, sont autre chose que les représentants pittoresques de coutumes locales. Un souci de vérité ethnographique semble avoir guidé l'artiste dans le choix des figures, dont l'une, celle du flûtiste, évoque, par la structure de son visage, les lointaines filiations de la race.

Dans le groupe intitulé *Sa Femme*, Mlle Paasch nous montre la conjointe prélassant un séant dodu sur l'épaule du conjoint. Si l'auteur n'était née à Barmen et ne sculptait à Berlin, on croirait à un narquois rébus de bronze.

M. Grandmaison a composé pour le *Tombeau* d'un enfant, un groupe aux lignes fluides, qui montent comme spiritualisées.

M. Crenier a traduit une belle unité de sentiment dans les deux figures *Devant le Crépuscule*, dont le dessin clair et souple se colore délicatement aux interpositions d'atmosphère.

Les Papillons, de M. Morice, ont un joli mouvement agile et nerveux.

M. Carrier-Belleuse expose le *Char des Amours* et *Diane et ses Suivantes*, petits poèmes mythologiques précieusement œuvrés.

La grâce mignarde, comme artificielle et fragile, du XVIII° siècle a inspiré M. Lombard, dans son *Monument à Watteau*: elle a aussi, par un aimable anachronisme, hanté M. Pech dans la composition du *Monument de Charles Perrault*.

M. Lorieux a deux œuvres d'inspiration très dissemblable: *La Sainte-Catherine*, groupe capricant de jeunes filles aux vivantes allures instantanéisées de croquis; et *Mère, pardonne!* qui a la gravité de lignes, la noblesse de verbe d'une parabole.

Dans *Le Vin*, par M. Morlon, les hommes au pressoir montrent, au lieu d'un effort convergent, un mouvement d'antagonisme, contradictoire à l'action exprimée.

En une énumération approbative: *La Vague et l'Écueil*, de M. Maugendre Villers; *Caïn et Abel*, sauvages combattants de l'âge de pierre, par M. Lambert; les amusants *Pêcheurs*, de M. Perraud; *L'Ame* et *Prise de Constantine*, par M. Cadoux; le *Monument du docteur*

Signard, destiné à la ville de Gray, par M. Iselin; *Amour Fraternel*, de M. Pessina; *Jugement de Salomon*, par Mme Descat; le groupe en bronze pour une *Fontaine*, de M. Hinterscher; *Bonheur*, de M. Finot; le *Modèle de bas-relief pour la fondation Rothschild, rue de Belleville*, par M. Drivier; *Le Pardon*, par M. de Scharfenberg.

M. Chauvet réhabilite *Le Minotaure* qu'on avait jusqu'ici considéré comme un assez fâcheux bougre. Celui qu'il nous présente a une bonne face rurale et réjouie de faune, et la petite faubourienne blottie contre lui ne paraît pas avoir grand'chose à redouter de son appétit.

Les deux « gisants » pour *Un Tombeau*, par M. Boissonnade, sont très sinistrement suggestifs, avec leurs corps demeurés intacts et leurs faces que la dissolution a déjà marquées.

Pour une *Sépulture* aussi — la mode est aux sépulcres en ce Salon de 1908 — M. l'Hoest a construit un grand haut-relief déclamatoire et pompeux.

Dans les deux bas-reliefs de M. Graf, *Mine et Métallurgie*, les groupes d'ouvriers, largement et strictement écrits, procèdent sans réticences de l'art des sculpteurs de cathédrales, notre art national.

Joie, de M. Descomps, exprime avec énergie l'allégresse toute charnelle de la femme-mère contemplant la petite vie émanée de la sienne. De conception tout opposée est *Bonheur Maternel*, de M. Peyronnet, où la joie n'est pas un simple réflexe de fonction, mais la forme d'un sentiment consenti et raisonné.

La Mère de l'Humanité, par M. Sinaveff-Bernstein, est une belle femelle d'homme robuste, sauvage, sans pensée; résumée en le geste essentiel d'allaiter et de protéger l'enfant.

Un large mouvement de fougue et d'enthousiasme est dans le *Temps et le Génie*, par M. Ségoffin, les lignes, allégées, planent; le symbole s'écrit pleinement sans tomber dans l'allégorie conventionnelle. A ce groupe, d'une si exacte cadence de gestes, on pourrait reprocher les deux points d'appui soutenant la figure du Temps, qui sont là comme des chevilles fâcheuses dans la prosodie d'un beau poème.

Le *Printemps*, de M. Desruelles, aux plans amples et calmes, signifie, bien plutôt que la fête rapide et joyeuse des renouveaux, l'inéluctable recommencement des saisons.

L'Épave, par M. Auban, est une piéta contemporaine et sombrement désespérée, où la mère d'un matelot, devant le cadavre que le flot rejette, hurle à la mort, avec un mufle convulsé de bête tragique.

M. Camus expose deux œuvres: *Rires dans les Bois*, joli groupe d'une délicate poésie sensuelle; *Byblis pleure*, où la nymphe souple, blottie entre les rochers, est épiée par deux petits faunes gavroches.

Léon de SAINT-VALERY.

(A Suivre)

Selon l'usage et en raison des Fêtes de la Pentecôte la « Revue des Beaux-Arts » n'a pas paru dimanche dernier.

Exposition de Bagatelle

(PORTRAITS D'HOMMES ET DE FEMMES CÉLÈBRES)
(1830-1900)

Dans l'esprit des organisateurs de cette exposition, je ne crois pas que leur intention ait été de susciter une comparaison quelconque entre les œuvres des maîtres de la double époque classique et romantique, qui nous paraît — ô combien — déjà si lointaine, et celles de nos peintres modernes.

La manifestation d'aujourd'hui serait d'ailleurs fort incomplète, comme tout ce qu'on ébauche malheureusement, en cette ère de cabotinage et de réclame exagérés. — Et il ne faut à notre avis voir, dans cette dernière, d'autre raison que le désir très légitime d'attirer les visiteurs dans un cadre de paysage délicieux et de flatter leurs regards, à l'intérieur de ces petits palais concédés obligeamment par la Ville de Paris à la *Société Nationale*, par la vue de quelques portraits, personnages célèbres, dans le monde impérial et royal, politique, littéraire et des arts, gracieusement prêtés par de non moins aimables collectionneurs, et exposés à la comme un simple rappel de souvenir, presque historique.

Il y aurait, par conséquent, mauvaise grâce à épiloguer sur les mérites très divers d'artistes contemporains, dont la notoriété est acquise, à tort ou à raison, en bien ou en mal, et sur l'œuvre desquels les critiques de leur génération ont écrit tout ce qu'il fallait dire ou peu s'en faut...

Dès lors, je ne saurais, par exemple, que passer en revue, sans en analyser la valeur fort discutable, des Portraits officiels du Roi Louis-Philippe et de ses enfants; du Prince de Joinville; de Louis-Napoléon Bonaparte, d'Horace Vernet. Il sied néanmoins de faire une exception en faveur du Portrait assez délicat de la Malibran dont François Bouchot a fixé également la gracieuse image, qu'Alfred de Musset a célébrée lui-même, dans son ode immortelle!

Que dirions-nous encore sans répéter ce qui fut dit déjà des Portraits du Comte de Paris enfant: de la Duchesse d'Orléans ; de la Princesse de Joinville ; de Winterhalter. Ils n'ont, en réalité, qu'une plus-value documentaire, au même titre que le Portrait du Duc d'Orléans, d'Alfred de Dreux ; de ceux du Duc d'Orléans et du Duc d'Aumale, de Philippoteau, et du Comte de Paris, par Jalabert. Cependant, le Portrait du Duc d'Orléans, par Ingres, nous rejoint, comme celui du Roi Louis-Philippe, de Désiré Court, qui mérite l'attention.

On perçoit une plus douce émotion dans les Portraits de Mme Pauline Viardot, de Bonington mourant, d'Ary Scheffer, dans ceux, par eux-mêmes, de Marilhat, de Lehmann et surtout de Flandrin, très remarquable. Le Portrait de la Nièce d'Isabey a un brio charmant; et le Portrait du Baron de Ménéval, secrétaire du portefeuille de Napoléon Ier, de Théodore Chassériau, est d'une exécution réfléchie et de pensers soucieux.

Un heureux Portrait de Désaugiers, de Bailly ; de Charles Nodier, de Guérin ; celui très crâne de Champfleury, de Courbet, qui s'est peint lui-même en moine. Charlet s'est portraituré à son tour. De Delacroix, nous admirons les Portraits d'Alfred de Musset, de Georges Sand, d'Alexandre Dumas. Théodore de Banville par le peintre Debodencq. De Paul Delaroche, un distingué Portrait d'Emile Péreire et celui d'Horace Vernet. De Cabanel, dont je voudrais pouvoir exprimer plus longuement tout l'intérêt que m'a procuré son exposition rétrospective au Grand Palais, côte à côte avec l'œuvre de

Barrias, le Portrait de Pierre Ossian-Bonnet et de Mme Carelle, dame du Palais de S. M. l'impératrice Eugénie.

D'André Gill, une forte ébauche très vibrante de la physionomie de Jules Janin.

De Bastien-Lepage, les Portraits de M. Andrieux, de Coquelin aîné et celui-si séduisant dans un des petits salons, de Mme Sarah Bernhardt. Le Portrait d'Edmond About, de Paul Baudry. Celui de Charles Gounod, d'Edouard Dubufe.

Graduellement nous arrivons avec des artistes modernes. Quelques-uns sont morts, hélas, comme Eugène Carrière, dont nous revoyons avec plaisir l'esquisse approfondie, souple, d'Edmond de Goncourt; de Feyen-Perrin, le portrait de Guy de Maupassant.

Et l'avenir est aux vivants!... Le beau portrait de Gérôme, en académicien, de M. Dagnan-Bouveret. M. Gervex expose le Portrait de Waldeck-Rousseau. M. Lucien Griveau, celui de Rosenthal, le célèbre joueur d'échecs. De M. Friant, le Portrait de M. Jules Claretie, dans son bureau d'administrateur de la Comédie Française. Le portrait de Mme Rachilde, par M. François Guiguet. La vivante image de Jean Lorrain, de M. Antonio de la Gandara. Trois fins Portraits, presque des miniatures, de MM. Clémenceau, Pichon et Millerand, de Raffaëlli. Le Portrait d'Isidore Paquin, en pied, et peint dans la lumière, de M. Roll. Le Portrait de M. Maurice Barrès lisant (1890), de M. Henri Rondel. M. Edouard Saïn expose le Portrait de Mme Gautreau ; M. Tournès, le Portrait de M. Liard, vice-recteur de l'Académie de Paris.

M. Besnard expose de nouveau le Portrait de Mme la Princesse Mathilde. M. Dumont le Portrait de M. Gaston Calmette, du Figaro. M. Carolus Duran, deux très beaux et fermes Portraits, l'un d'Emile de Girardin, et ceux de la Baronne Hottinger et sa fille.

Le Portrait de Whistler, expressif, nerveux, de M. Jean Boldini. Le Portrait du Docteur Emile Blanche, de M. Jacques Blanche. Celui de M. Edmond de Pressensé, pasteur et éternel rêveur, de M. Eugène Burnand, bonne peinture. Un curieux et fantomal Portrait de Verlaine, de M. Aman Jean. Le sérieux portrait de Constantin Meunier, de Mme Marie Dubem. Celui de Raspail sur son lit de mort, de François Miralles.

Cette exposition est encore complétée par un certain nombre de dessins et de gravures. De Henri Regnault, Portrait de M. Victor Duruy, en costume militaire, pendant le siège de Paris et du Peintre Bida, en costume militaire pendant le siège de Paris. La Famille Impériale, sept dessins de Carpeaux. Le Profil de l'Impératrice et Mme la Duchesse Colonna. Une lithographie, Portrait d'Alexandre Dumas père, de Eugène Devéria. Une Eau-forte originale de Renan, par Fernand Desmoulins ; des Portraits de Rossini, Gounod, d'Ingres.

Des Bustes de Renan, de Meissonier, de Saint-Marceaux ; une Statuette de M. G. Clémenceau, d'Edouard Vernhes. Des Médaillons de Tolain, Spuller, Pierre Laffitte, Mesureur, de M. Vernier. De M. Alfred Lenoir, le Buste en marbre d'Auguste Couder. Celui du poète Paul Arène, de M. Injalbert. Un Médaillon, Portrait d'Alfred de Vigny, d'Hippolyte Ferrat. Des œuvres de Carpeaux, l'Impératrice Eugénie, la Princesse Mathilde, M. Tissot, ambassadeur, les Portraits de Dumas fils, Vaudrener, Garnier. De feu Ernest Carrier-Belleuse, le Buste de Corot. Le Portrait-médaille de J. Ch. Cazin, de M. Michel Cazin. Le Buste de Spuller, d'Aubé, le Buste de Mme de Balzac, de Bartolini.

Par cette nomenclature, on se persuade aisément qu'une heure agréable est bien vite passée, dans cet éden enchanteur de Bagatelle, où l'on se croit à deux cents lieues de Paris, parmi les myrthes et les roses.

Georges DENOINVILLE.

JEAN BAFFIER
par Edouard Achard

IV

N'oublions pas, non plus, le grand fronton du *Palais des forêts* à l'Exposition Universelle de 1900, d'une composition si puissante dans le travail duquel le seconda son fidèle élève France Briffault. Enfin son service de table qui compte déjà une soixantaine de pièces, œuvre de longue haleine, de bon et beau labeur, qui forme le plus démonstratif exemple de rénovation des industries d'art, tel qu'il l'a conçu, et pour lequel il m'a semblé que devait être appliqué un terme d'art nouveau s'adaptant mieux au but utilitaire de l'œuvre en même temps qu'à sa donnée esthétique : l'Art approprié, terme que le *Groupe d'émulation artistique du Nivernais* m'a fait le grand honneur d'adopter.

Dans ce service de table, il s'est inspiré pour le motif initial de chaque pièce de la flore française et plus particulièrement de celle du Centre et de l'infinie variété des fleurs des champs. Il ne prend donc pas une forme courante pour y masser un sujet quelconque : il crée. La plante — et remarquons qu'il existe en elle un idéal vers lequel elle tend sans cesse dans l'épanouissement de sa beauté et qui constitue sa plus grande harmonie — la plante, arrivée à cet état suprême, est le moment où l'artiste qui l'étudie y puise les éléments de la forme qu'il veut donner à l'objet en travail : Aussi le morceau n'a-t-il aucune sécheresse d'exécution ; il est gras dans son modelé comme le modèle vivant dont il rappelle la nature interprétée et amplifiée. Ainsi le candélabre, véritable synthèse de l'arbre, les bougeoirs, les vases à fleurs, les aiguières, les pichets, les gobelets, les sucriers, les drageoirs, etc., et la pièce centrale, la soupière d'une si puissante composition avec ses robustes cariatides. Tout se lient et concorde dans cet ensemble, dont les diverses pièces ont été coulées en cuivre ou étain et en cuivre et étain, tout s'affirme complet dans ce beau et loyal travail, noblement ouvragé, tout supporte l'inspection du regard qui reste émerveillé.

Et ce terme, *Art approprié*, n'a-t-il pas aussi son application logique à certaines parties des œuvres de grande sculpture du même maître où se retrouve toujours son souci de concordance intime de l'ensemble : les piédestaux, par exemple.

(A Suivre)

L'ART DÉCORATIF

XX

Ainsi donc, nos lecteurs ont pu constater que la cause principale du marasme et de l'anarchie qui sévit sur nos arts appliqués est la disparition ou l'invalidation des professionnels expérimentés.

Du côté des Artistes, le péril n'est pas aussi grand que veulent bien l'affirmer certaines personnalités ; nous possédons encore fort heureusement une pléiade d'hommes de valeur, et il suffirait de les encourager, de les mettre à même d'appliquer pratiquement leurs connaissances techniques pour provoquer une renaissance immédiate. Mais du côté des Industriels d'Art, la question est infiniment plus grave ; les professionnels expérimentés tant en matière industrielle que commerciale, sont rares, et les hommes capables qu'on peut compter parmi ceux-là sont aveuglés d'un orgueil démesuré, ils exagèrent leur propre mérite, et non seulement ils se trompent, mais ils entraînent à leur suite les Pouvoirs Publics, pourtant désireux de mieux faire.

Une rénovation complète de l'enseignement professionnel, au triple point de vue *artistique*, *industriel* et *commercial* s'impose donc.

Comment procédera-t-on ? Telle est la question ?...

Pour ma part, je redoute fort qu'obéissant à l'influence des gens en place, dont la notoriété surfaite et les intérêts financiers impressionnent trop souvent les Pouvoirs Publics, on ne procède par méthode empirique ; d'ailleurs nous avons déjà constaté que M. Dujardin-Beaumetz, après un rapport précis reconnaissant la gravité de la situation, a formé en 1906, un « Conseil supérieur de l'Enseignement des Arts décoratifs ».

J'ai déjà eu l'occasion, ici même, de signaler ce fait singulier : le dit Conseil, depuis deux ans, n'a pas pu encore se réunir ! Je rappelle que les raisons invoquées par le Sous-Secrétaire d'État lui-même sont basées sur la crainte d'augmenter les compétitions existantes entre les Artistes et les Industriels.

Je sais bien que les Pouvoirs Publics doivent avoir pour principale mission de coordonner les efforts et d'éviter les divisions, mais il semble qu'on ne résout pas les situations difficiles en ajournant l'étude contradictoire des causes qui les ont engendrées ; et lorsque j'émettais la crainte de voir appliquer la méthode empirique à ces réformes urgentes, jugées nécessaires, cette retenue craintive et inexplicable de la part des pouvoirs constituait une des présomptions les plus graves, et de nature à fortifier ma juste appréhension.

De plus, la composition de ce Conseil, dont l'existence est virtuelle, venait à l'appui de mes craintes ; en effet, tous ceux qui furent cause de la lamentable situation actuelle y figurèrent dès la première heure ; on vit même, contre toute logique, parmi les orgueilleux industriels que nous connaissons trop, se placer des nouvelles recrues, tels les directeurs des grands bazars parisiens. L'administration des Beaux-Arts s'imaginait probablement que ces hautes personnalités commerciales avaient des connaissances approfondies en matière d'enseignement ; pourtant une simple promenade dans les rayons des Arts appliqués de ces diverses maisons aurait suffi à leur ouvrir les yeux, si ceux-ci n'étaient pas protégés par un bandeau habilement serré, et que leurs porteurs paraissent avoir intérêt à conserver. L'anarchie dans les efforts et l'empirisme dans les réformes nécessaires se dessinent donc avec netteté.

Enfin, sait-on quels sont les professionnels-artistes qui complètent ce « Conseil supérieur » ? Nos lecteurs pensent sans doute qu'on fit appel aux délégués d'organisations constantes et spécialisées dans l'étude de ces questions ?

Eh bien, il n'en est rien et nous eûmes les plus grandes difficultés à nous faire représenter par deux ou trois professionnels, réellement techniciens des Arts appliqués ! Le reste du Conseil est exclusivement composé de peintres, de dessinateurs, de statuaires, qui veulent bien reconnaître sans trop se prier, leur incompétence technique sur ce sujet d'enseignement spécial.

Quoi qu'il en soit, ce Conseil, composé comme je viens de le dire, qui ne comportant qu'une minorité infime d'hommes réellement capables, pouvait produire quelques résultats, résultats redoutables pour certains ; nous en sommes assurés, puisque nos contradicteurs ont réussi à semer l'indécision et la crainte dans l'esprit de notre aimable Sous-Secrétaire d'État, et que ce Conseil ne s'est jamais réuni.

Je suis donc en droit de l'affirmer, l'anarchie et l'empirisme continuent, et le malheur c'est que la situation s'aggrave !

GRANDIGNEAUX.

LES PAYSAGES

DE

M. Joseph Kratchcovsky [1]

M. Joseph Kratchcovsky est né à St-Pétersbourg en 1859. Membre de l'Académie des Beaux-Arts de Russie, il est un des maîtres paysagistes reconnus de l'école russe. Paris voit pour la première fois un ensemble de ses œuvres.

L'impression dominante émanée de cette exposition est celle d'une science technique imperturbable, mise au service d'une observation tout analytique.

Chaque portion du paysage, qu'elle soit minérale, végétale, fluide, reçoit, en dessin précis, en coloris scrupuleux, une importance égale, dans son tout et dans ses détails. Le peintre résigne son droit aux choix dans les apparences ; sa personnalité renonce en présence de la matérialité, diverse et complexe, de l'inanimé. Cette compréhension du paysage déconcerte tout d'abord les hommes à spiritualité prépondérante que nous sommes devenus. Nous avons peine à admettre qu'on transcrive les aspects pour leur valeur superficielle, qu'on paraisse leur reconnaître une réalité intrinsèque, des rapports réciproques, au lieu d'en faire les caractères sélectionnés par lesquels se manifeste la sensibilité humaine. Mais peut-être l'âme russe, plus jeune et plus ingénue, est-elle encore capable de se laisser requérir par l'image, sans lui demander d'être un signe d'abstraction?

En y appliquant notre volonté, nous parvenons d'ailleurs à nous identifier à cette conception ; et nous pouvons prendre un plaisir tout sensoriel — analogue sans doute à celui ressenti par l'artiste — aux colorations chantantes des fleurs sur la trame des ciels pâles, des eaux faiblement lumineuses, des terrains grisâtres et neutres ; aux robustes symphonies vertes, que les clartés tapotent de notes aiguës ; aux mers plissées et bruissantes, dont les reflets caressent nos yeux ; aux rochers roux qui vibrent comme des reprises de cuivres ; aux andantes bleus, lents et sourds, des nuits. Nous accueillons aussi la joie qui vient d'un noble et fervent métier ; dans toutes ces toiles, la saine couleur se sertit d'un dessin rigoureux ; les premiers plans des paysages sont solides, complets, circonstanciés et larges.

Décrivons quelques œuvres :

La journée grise (environs de Riga), aux verdures humides, grasses, moelleuses, au sol discrètement violacé d'ombres.

Les fougères, en la saison de déclin, déjà touchées des ors mortuaires.

Sur les hauteurs d'Ay-Petri (Crimée) où les roches, nuancées de roses fanés, de lilas changeants, tranchent, lumineuses, sur le fond des forêts sombres, des lointaines vallées que la brume uniformise.

Le bord de la mer à Aloupka (Crimée) l'eau scintillante, qu'effleurent les pizzicati d'écume claire.

Glycines à Bas-Massandra (Crimée) des amoncellements de grappes violettes, qui accaparent toute l'ambiance, toute la lumière, laissant la mer et les falaises incertaines, décolorées, comme irréelles.

Les Roses (Crimée) une cascade de taches

(1) Exposition Joseph Kratchcovsky, Galeries Georges Petit, 8, rue Sèze.

gaies coulant sur la façade austère d'un vieux manoir.

Le matin à la Turbie, curieux et fragile effet de lueurs dorées en dissolution dans l'atmosphère dense.

L'orage approche (Tsarskoé-Sélo) passionnante lutte des lumières dans un ciel vaste, sur une plaine illimitée.

Des *Couchers de soleil*, aux phases rapides véridiquement notées.

Les vignes, alourdies de leurs plantureuses maturités, et déjà atteintes par les rouilles d'automne.

Les pêchers en fleurs (Crimée) couleur de joie, exultant dans le jeune printemps comme un chant d'oiseau.

Le soir, vue sur Monte-Carlo, et le cap d'Ail, un de ces doux crépuscules voilés du Midi, qui, estompant les lignes, éteignant les couleurs, rendent la nature tendre et expressive comme elle est sous les ciels septentrionaux.

LÉON DE SAINT-VALÉRY.

LES GRANDES VENTES

Mardi prochain, à l'Hôtel Drouot, M° André Couturier procèdera à la vente d'une collection fort intéressante.

On cite de nombreux tableaux, des dessins et des aquarelles par Duez, Luminais, Marilhat, De Nittis, Saint-Germier, Vibert, Adeline, Daumier, Decamps, Delaroche, Heilbuth, Rivoire, Rosa Bonheur, Stevens, Roqueplan, etc.

Salon des Artistes Français

(Suite)

Puisque le salonnet éphémère de l'Horticulture a fermé ses treillages sur l'enchantement des arômes et des couleurs, que la Fête des fleurs se prépare et que les Tuileries vont s'enguirlander, mes bienveillantes lectrices me permettront, j'espère, de reprendre mon essor vers le Salon des Artistes Français en déroulant au passage quelques menues fleurettes à la féerique *Princesse Primavera* éclose sous les pinceaux de M. Danger.

M. Charles Landelle, un vétéran de la bonne peinture, d'une esthétique peut-être un peu attardée, sait extraire toute la poésie du *Parfum des roses*.

M. Giacomotti intitule *Jour de réception dans le parc* un portrait de marquise parfumée et poudrée qui va faire prendre l'air à ses charmes au *Parc aux... biches*, (peinture léchée, mais avouez que le sujet s'y prêtait).

C'est au Parc Monceau, sur un banc, que Brispot (un vieux camarade d'atelier) assied — à distance, entre deux bourgeois timorés — une belle petite un peu hardie.

Et c'est au Parc Montsouris que M. Kowalsky fait jouer au diabolo la charmante jeune fille qu'un rayon de soleil vient caresser... en attendant un rayon d'amour !

Casse-cou, dirons-nous à M. Deuilly, gare le chromo au tournant !

Gagliardini cherche ses couleurs non dans une vulgaire boîte à peindre, mais dans un écrin. M. Guillonnet, qui semble de la même famille de luministes endiablés (série G), colore une *Scène de Vendange*, comme un rutilant vin de Falerne.

Sur les ailes du Rêve est une aimable composition de Mlle Fould qui peint toujours de spirituelles fantaisies.

Le sommeil est frère de la mort, dit-on.

Mieux vaut avoir affaire au frère qu'à la sœur (pensée d'un philosophe un peu flapi).

On devancerait le départ pour les plages si l'on pensait rencontrer les *Enchantements* évoqués par M. Girardot. Un jeune pêcheur à la ligne que la pêche endort rêve qu'il amène des sirènes et des méduses aux poitrines de jeunes vierges.

M. Cartier-Besson aime les antithèses : l'une de ses toiles a pour titre *Jour de Fête*. Ici les Bretons s'amusent aux plaisirs de la table, ce plaisir est de ceux qu'on discute le moins et il occupe le plus de place dans la vie. *Jour de deuil :* La mort a fermé les paupières du bonhomme étendu dans le lit clos, dans le lit ancestral où peut-être il est né, la bigoudène pleure ! Divers sentiments sont dans ces tableaux bien exprimés.

De M. Prat, *Sortie de vêpres* (Bretagne). Le service dit, on vit la foule entière chercher chacun sa tombe aux coins du cimetière et le sol fut couvert de parents à genoux, a dit Brizeux. *Le Pardon de St-Cado*, par M. Désiré Lucas, nous offre une composition de très belle tenue, sobre de couleurs (les Bretons sont sobres de couleurs) avec, pourtant, au fond un effet très décis.

Dans la même classification nous mettons en très bonne place le tableau rapporté des Côtes-du-Nord, par Gueldry, un intrépide canotier de la Seine : *Feu de la St-Jean.*

Le ciel de juin ce soir est doux comme un phalène,
Vers l'eau traîne un dernier lambeau de clarté mauve.
La mer chante, et c'est l'heure où sur les monts d'ar-
S'allument les Tendads sacrés de la St-Jean.   [gent

M. Alleaume imagine les vagues nocturnes sous formes de femmes nues, les vagues éplorées appellent la critique pour les faire mousser.

Le soir nous achemine vers la Nuit et c'est sous la signature Edouard Albert que nous la trouvons allégorisée par une femme académique, encline voilée de noires écharpes ; une chouette est à côté et Gavroche dit : ce n'est pas l'oiseau qui est le plus chouette !

Raphaël Collin nous régale d'exquises esquisses et Vayson d'une *Bergère au printemps* qui évoque toutes les séduisantes toiles qui précèdent.

M. Vollet, avec ce titre *Consultation*, attire l'attention sur une délicieuse composition : *L'écouteuse en noir*, attentive, appuie bien de sa tonalité discrète l'expansion de la confidente deux fois blonde, blonde par le peignoir et blonde par la chevelure.

M. Silbert se signale par un *Tub de gosses ;* l'orientaliste distingué, sir Bridgman, expose une *Jeune Mauresque après le bain*, sujet propre aux coloristes.

M. Ponot se lance dans le Nu grandeur naturelle, il attriste par des draperies noires une bichette qui doit aimer la vie.

J'aime beaucoup la *Figure païenne* éditée par M. Watelot, enveloppée d'un kimono, pas trop, la voluptueuse aux narines palpitantes aspire avec ivresse le parfum d'un encensoir. L'harmonie bleue du vêtement, du collier, du ruban, est discrète et fait valoir les appétissantes carnations promises.

Tandis que Mlle Cabane assoupit dans le *Farniente* une brunette jolie s'attardant au songe de quelque doux souvenir, M. Balavoine, qui devint célèbre avec le *Repos du modèle*, nous fait connaître des *Baigneuses* de tout repos et de colorations un peu paresseuses.

M. Weisz dépose son talent en hommage aux pieds de la trop belle Nyssia, reluquée par Candaule (son imbécile de mari) et le confident Gygès, lesquels ont emprunté pour cette comédie les masques de MM. Paul et Mounet-Sully.

A côté, sur un lit, M. Chantron couche Danaé rêvant d'or et s'enivrant de roses. M. Chantron est un bon pastelliste ; l'huile lui réussit moins.

M. Gabriel de Cool, pastelliste également distingué, fait chanter à la mélodie des chairs

de jeune femme un vieil air, comme toujours doux à entendre.

Doux à entendre est aussi l'air de flûte que souffle Polyphème à Galatée ; M. Lely le fait jouer à ravir pour les oreilles délicates des demoiselles aux nuances exquises, dorées, aux formes ennuagées dans le flou.

Presque aussi estampée et plus filiforme est la Jean-Goujonnesque décolorée dont M. Tillier fait appuyer la nudité éthérée sur un manteau d'opéra, à fourrure de zibeline soyeuse.

Les Orientales de M. Ernest offrent le maximum de colorations d'intérieur, avant la crudité des tons. Le geste est noble et classique de la femme portant la maune de fleurs. C'est l'attitude traditionnelle. Qu'en diront les critiques modernistes quand-même !

Le bon dessinateur Foubert nous invite à faire la partie avec huit des neuf Muses qui jouent aux quilles dans un parc princier ; elles sont séduisantes, ainsi que des Tanagréennes, avec leurs tons alanguis comme des ailes de tourterelles.

M. Gelhay se répète un peu dans la formule, fort appréciable du reste, des intérieurs riches, meublés de femmes jolies.

Parmi les impressions sensorielles qui nous sont données par les lumières artificielles, nous ne pouvons repousser l'attraction d'un joli clair de lampe par M. Rieder. M. Bréauté, dans un boudoir où l'on ne boude pas, met en *Intimité* un mari en habit qui presse contre son cœur ardent une mariée heureuse.

La *Parisienne*, du même auteur, dans un clair d'ampoule électrique éclairant un grand nez, met en lumière un fin style épistolaire.

Le Salon a fermé pour l'attribution des médailles. Une petite médaille s'il vous plaît ?

Je savoure encore un *Clair de bougie* par M. Martin Kavel.

Mademoiselle, vos doigts fuselés sont roses et laissent transparaître un sang généreux, vos quenottes sont blanches pour croquer des cœurs et vous dites gentiment : *Bonsoir*.

Le Roy trône dans ce catalogue. M. Jules LeRoy avec des chats. M. Paul Leroy avec les orientales à la mine éveillée pour taquiner le dormeur Abou-Hassan. M. Leroy-Dionet paysagiste, Mme Le Roy d'Etioles, auteur très apprécié d'une *Tête d'enfant*.

M. Paul Thomas nous régale d'un tableau de genre d'une extrême finesse de tons ambrés. C'est un trio de famille : une grand-mère (de la poupée), la fille de cette jeune aïeule et la pépé... sans enfant. C'est tout à fait gentil !

Parmi les intérieurs procurant une agréable impression sensorielle, je note la toile de M. Artigue, *Dame du monde en visite*.

De M. Tanoux, une liseuse chardinesque qui a motivé une incursion vers la vraie clarté.

On ne sait où s'arrêter aux invitations à la promenade en plein air, aux invitations de séjourner un peu plus dans les intérieurs si galamment meublés. Le Salon est fécond en joies optiques des plus complexes et des plus variées. Dans *Avant la Séance* de M. Max Schott, la jeune dame aux cheveux auburns se montre heureuse de son portrait. Appuyée sur un piano à queue, vibrante d'harmonie suave, elle compare la note claire de son tableau (cher). Cher tableau ! avec les carnations plus claires encore de ses bras d'amour, de son cou fin comme l'ambre. C'est une jolie toile aussi humoriste que bien d'autres d'en face, au Palais de Glace, et mieux peinte que toutes celles du Comité de l'ostracisme déguisé, car ces Messieurs du Roie pincent les bonnes places (sans rire) et grincent même si l'on prétend occuper les médiocres.

Pantomime par M. Albert Laurens, dans un décor aux tons zinzolins et globules irisées d'eau de savon parfumé (par vos doigts, bel-

les dames) une évocation de Verlaine ou de Banville.

Colombine azurée voudrait teindre en jaune complémentaire son incolore Pierrot naïf, et elle emprunte à Arlequin très monté de tons, une de ses couleurs ensoleillées.

HABERT.

(A suivre)

Une Visite à la Maison de retraite
des Artistes Français

Les Artistes Français ont enfin inauguré la maison de retraite qui assurera le repos aux artistes âgés.

On sait que M. Bailly, ancien président de la Société, léguait à cet effet en 1886 une somme de 40.000 fr. et que le gouvernement accorda peu après 60.000 fr. sur les fonds du Pari-Mutuel ; le Comité des Artistes Français, d'autre part, décida d'affecter à cette œuvre les recettes de la journée du Vernissage ; enfin Mme Jules Comte offrit un immeuble à Montlignon, tout près des bois de Montmorency, où un hospice pour les vieillards agriculteurs du pays avait été fondé autrefois par elle, en souvenir de son premier mari M. Armand Havem, qui joua un rôle politique en cette ville.

Cette maison fut transformée et on y construisit deux ailes dans lesquelles on a aménagé des ateliers. La situation est admirable si ce n'est que les communications ne sont pas très faciles. Pour gagner ce charmant pays il faut compter environ trois quarts d'heure de diligence de la gare d'Ermont, et ce n'est pas le métro ! Malgré cela la voiture est toujours au complet.

La maison de retraite se trouve au haut d'un « raidillon » ; après dix minutes de marche en plein soleil, je me trouve devant une grille qui clôt un vaste jardin, et je trouve le gérant causant sur le seuil avec les habitants du pays. Il me reçoit avec une grande bienveillance et me présente tout de suite M. Coblentz, l'un de ses pensionnaires, avec lequel je gagne le salon où j'admire une œuvre magnifique : « La Lecture » de son ami Gratia. Gratia est actuellement le doyen de la maison avec ses quatre-vingt-treize ans ; autour de ce beau pastel, les émaux de M. Coblentz ne pâlissent point, ils sont d'une finesse incomparable, et le vieil artiste travaille encore sans lunettes, ce qui est vraiment merveilleux.

Nous passons ensuite dans l'atelier du sculpteur Paris, l'auteur de « La Charité accueillant l'Art », la dernière composition de l'artiste qui a été édifiée au seuil de la Maison de Retraite.

Au premier se trouvent les chambres, une douzaine environ ; celle de Gratia est un véritable nid de souvenirs, les toiles, les pastels y abondent ; ici c'est le portrait de la Reine Victoria, là les portraits du peintre par lui-même à différents âges.

Nous traversons de vastes couloirs pour arriver à la salle de bains, toutes ces pièces reçoivent amplement de l'air et de la lumière.

L'immeuble est composé d'un pavillon central et de deux ailes, où sont les ateliers au nombre de six par aile, deux au rez-de-chaussée sont destinés aux sculpteurs, ceux du premier étage aux peintres, les autres aux graveurs.

Gratia, Coblentz et Paris, les hôtes actuels de Montlignon, tiennent à m'accompagner sur la route malgré leur grand âge ; ils me saluent jusqu'à ce que la distance nous sépare et j'emporte de cette visite un souvenir inoubliable...

Jeanne BUCHER.

L'ART A L'ÉCOLE

Le premier congrès de la Société « l'Art à l'École », qui s'est tenu à Lille, a réuni plus de mille adhésions. M. Dujardin-Beaumetz est venu en prendre la présidence effective, accompagné de MM. Couyba, sénateur ; Bigaut-Fabvre, directeur des travaux d'art ; Mme Jeanne Griad, inspectrice des écoles maternelles.

Après un déjeuner offert par M. Lyon, recteur, dans son hôtel, la séance d'ouverture du congrès a eu lieu dans la salle de la société industrielle.

Des discours ont été prononcés par MM. Lyon, recteur, Couyba et Dujardin-Beaumetz, qui a remis les décorations suivantes :

Officiers de l'Instruction publique : MM. Melerio, secrétaire de l'Art à l'École ; Louis Carpentier, directeur des Orphéonistes Lillois ; Damien-Baudehert, professeur de peinture à Lille ; Muylaert, professeur de musique à Lille.

Palmes académiques : MM. Martier, d'Angoulême ; Leriche, surveillant à l'École des Beaux-Arts de Lille ; Gavelle, directeur ; Circot de Neuilly ; Dourgain, de Dieppe ; Mme Devienne, professeur de musique au lycée.

Le Sous-Secrétaire d'État a visité en détail le lycée de jeunes filles, manifestant son admiration pour l'installation remarquable de l'établissement, puis il s'est rendu aux musées, où il a regretté que les salles de peinture, sans rivales en France après celles du Louvre, ne fussent pas mieux éclairées.

M. Dujardin-Beaumetz s'est enfin rendu à Flers, village voisin de Lille, pour visiter l'école. Les membres du Congrès de l'Art à l'École ont également visité Jœuri ayant à leur tête le sénateur Couyba. M. Victor Dutron, avocat, autour de qui étaient réunis deux à trois cent instituteurs et institutrices, a souhaité la bienvenue aux visiteurs. Puis, formés en cortège, les congressistes se sont rendus à l'Hôtel-de-ville, où des discours ont été prononcés par MM. Berlin, maire, et Couyba.

Après une visite au palais et juste après une longue station émerveillée dans la splendide salle de l'ancien parlement de Flandre, les excursionnistes se sont dirigés vers le collège de jeunes filles, qui, sous sa parure de fleurs et sa décoration sobre et artistique, valut de chaudes félicitations à la directrice, Mlle Duparge.

Avant de clore le Congrès, le directeur de l'enseignement supérieur a résumé les nombreuses idées émises au cours de ces visites. Il prône la simplicité de l'image qui évoque nos vieilles légendes, elles reposent de la vie terre à terre, et il demande surtout qu'on ne fasse pas de l'art à l'École une chose administrative.

Enfin, M. Couyba décrit magistralement le but de l'œuvre : l'art à l'école doit pénétrer jusqu'au foyer, il l'embellira, il fera comprendre à l'ouvrier la poésie de ses cheminées, de ses usines et de sa vie de labeur...

L'ART DANS LE COSTUME

L'autre jour, dans une spirituelle chronique du *Figaro*, Henri Rochefort rappelait ce que la mondanité a appelé « l'incident de Longchamp », et combien la médisance avait déshabillé trois demoiselles fort bien mises. A son tour Henri Maret observe, dans son « Carnet d'un Sauvage » que ce costume, lorsque la mode l'aura adopté, ne choquera plus personne et qu'en revanche on sera choqué par celui porté aujourd'hui.

L'approche de l'été promet d'exquises fleurs, elles vont s'épanouir aux premières réunions de Chantilly ; nous espérons que ces trois vivantes orchidées aux tons radieux émanant de formes délicates enveloppées de météore souple

— *topaze brûlée et réséda* — ne seront pas comme au Bois victimes d'une malveillance préventive et jalouse, et il appartenait à la « Revue des Beaux-Arts » de s'intéresser à cette manifestation éminemment esthétique.

J'ai donc reçu l'agréable mission de faire une visite, non point en client, mais en artiste et en critique sachant raisonner les effets et les causes, au Salon du 19 du Boulevard Haussmann, où j'ai vu — Apollon sait ce que j'ai plaisir ! — les Muses de Grâce coquette évoluer, le corps adorablement moulé dans ces robes qui sont presque des tuniques, et qui sont absolument des chefs-d'œuvre de bon goût, substituant de la Volupté en sauvegardant la Pudeur !

Les nouveaux costumes de Mme Margaine-Lacroix, c'est d'eux qu'il s'agit, ne sont point symétriques, c'est-à-dire développés de droite à gauche sur une ligne médiane ; cette disposition pittoresque leur octroi du mouvement, car la symétrie absolue, dans le vêtement, donne l'aspect de stabilité adéquat à l'âge mûr.

C'est pourquoi un jeune et joli modèle, posant devant un peintre ou un statuaire, se garde toujours de porter le poids de son corps sur les deux jambes ; il s'appuie sur l'une d'elles, en ayant soin de baisser l'épaule du côté où la hanche s'élève.

La robe « Tanagréenne », non symétrique, est secrètement pondérée, et, pour cette raison artistique et logique, elle ne peut être exécutée que par des mains expertes au menus soins que dirige la pensée maîtresse d'une génie créatrice.

La construction même de la robe lui donne l'élégance, sa construction *totale*, à commencer par les dessous : le fameux corset « sylphide », et c'est son appropriation aux personnes à vêtir qui a fait le succès constant de Mme Margaine-Lacroix.

« La couleur est relative, le dessin est absolu » dit un vieil adage ; le dessin donne en effet la souplesse, l'aisance dans les mouvements aux gestes élégants des jeunes femmes que la nature a douées de formes rationnelles.

L'âme humaine prend plus de plaisir aux gradations qu'aux secousses et par là les nuances des étoffes somptueuses s'infiltrent graduellement les unes dans les autres avec une dominante dans le choix de la teinte générale que des complémentaires font vibrer, tel un discret accompagnement soutenant une mélodie.

Je ne pense pas, comme le croit Henri Maret, que ces merveilles de frivolité passent jamais dans la vulgarité de la mode bourgeoise et banale.

L'Art sera toujours le privilège d'une sélection, d'une élite.

HABERT.

L'Exposition Théâtrale
AU MUSÉE DES ARTS DÉCORATIFS

L'Union Centrale des arts décoratifs nous écrit et nous prie d'insérer que trop de personnes sollicitent sans motifs tolérables des cartes de faveur et des entrées gratuites, oubliant que la Société ne vit que par ses propres ressources et du produit des entrées payantes.

Elle a accepté, en effet, dès l'origine, la charge de 4 millions de travaux dans un palais national faisant partie du domaine public. La Société, d'autre part, a acquis de ses deniers une réunion éclectique d'objets d'art dont elle fait abandon à la France au fur et à mesure de leur classement dans le Musée : les dons bénévoles abondent, ils viennent enrichir les collections pendant que ces dernières s'augmentent par des legs que le fisc a prétendu soumettre à des droits de mutation en vertu d'un sophisme inadmissible, attendu que l'État est le véritable héritier. Il a fallu que M. Georges Berger soutienne une lutte de plus d'une année avant de vaincre cette prétention fiscale ; et il a sauvé l'Union Centrale d'une dépense de plus de 250.000 francs.

Il est bon que le public connaisse cette situation et se fasse moins prier pour délier sa bourse ; trop de personnes lésinent, alors que l'Union Centrale se montre généreuse ; c'est ainsi que son Conseil vient de supprimer, en semaine, la redevance de 0 fr. 50 par visiteur qui était perçue à l'entrée de la Chambre Noire (installée au fond de la grande nef de l'Exposition Théâtrale). Cette Chambre contient des maquettes provenant du XVIIIe siècle français et d'autres de l'art italien moderne qui nécessitent un éclairage spécial. Mais, par mesure d'ordre, en présence de l'affluence des visiteurs du Dimanche, qui est jour gratuit, la redevance de 0,50 sera exigée de toute personne porteuse ou non de cartes quelconques d'entrée au Musée, qui désirera pénétrer dans la Chambre Noire.

Les récompenses des Artistes Français

Le Jury de la section de peinture a procédé au vote des récompenses.

Il a jugé à propos de ne décerner aucune première médaille, et il a voté des médailles de seconde classe aux artistes suivants :

Mlle Desportes, auteur du grand triptyque : *Quand ils ne sont plus en mer*, scène de la vie des pêcheurs en Hollande.

M. Mac-Cameron, auteur d'un *Groupe d'amis*, où il a représenté l'heure de l'absinthe.

M. Mondineu, auteur de la *Lande en feu*.

M. Guédy, auteur d'une grande toile, *Timbalier Anglais (13e hussards)*.

M. Martin Gaultheron, auteur d'une *Marche de lansquenets*.

M. Antony Troncet, auteur d'un portrait de femme et de son propre portrait.

M. Léon Félix, auteur d'un portrait de famille, *Au jardin*.

Mlle Rondenay, auteur de *l'atelier Humbert à l'école des beaux-arts* et d'un portrait de son père.

M. Guétin, auteur du tableau : *En famille*.

M. Bussière, auteur de la *Prédestinée*.

M. Gustave Pierre, auteur de *l'Œuvre de la Bouchée de pain*.

M. Alizard, auteur d'*Un jour de pardon dans la chapelle de Saint-Fiacre, au Faouet (Morbihan)*.

M. Alfred Renaudin, auteur du *Vieux calvaire à Fresnes en Woëvre (Lorraine)* et du *Soir d'octobre sur l'Yron (Lorraine)*.

Médailles de 3e classe. — MM. Ernest-E. Marteau, Gaston Balande, Frank Craig, Jules-Alexandre Coraboeuf ; Mlle Jeanne-B. Maillart ; MM. Edward Swinson, Robert-Gilles Plantey, John Quincy Adams, Hyppolyte Léty, Eugène E. Thiéry, François-Charles Bacde ; Mlle Blanche Odin ; MM. Antonin Silvestre, Georges Charpentier, Albert Pénot, Gabriel de Cool, Terrick Williams, Fernand Toussaint, Edmond Tapissier ; Mme Consuelo Foule ; MM. Hugh-Godvin Rivière, Jean-Jacques Roque, Clovis-Frédéric Terraire, Carl Seiler ; Mme Emélie Guillaumot-Adam ; M. Georges-P.-L. Sorrier.

Sculpture

Médailles de 1re classe. — MM. Auban, Carillon, Bouchard et Poch.

Médailles de 2e classe. — MM. Camus, Roze, Quillivic, Peyronnet, Mengin, Rivet, Schwetzer, Grandmaison, Verez.

Médailles de 3e classe. — MM. Malacan, Carillon, Raymondot, Fry ; Mlle Blanche Lauren ; MM. Ward, Besquent, Béchu, Crénier, Hierholtz, Vacossin.

Gravure

Médailles de 1re classe. — MM. Pénal, Hodebert.

Médailles de 2e classe. — MM. Quidor, Jamas, Pennequin, Belleroche, Mme Destailleur-Sevrin, MM. Auguste Mathieu et Massot.

Médailles de 3e classe. — MM. Pinet, Huault-Dupuy, Marcadier, Oberlin, Gaspirini, Léon Jouenne.

Mentions honorables. — Mme Frailloux, M. Bourroux, Mlle Simonnet, M. Koertlgé, M. Célos, Chandler Arm'gton, Bouchen, Mourrigat, Paulin Dupfehez, Dufresne, Walstrom, Clément, Tayos, Tilly, Lesecq, Charles, Joeune, Delouche, Prost, Jubeau, Cauloni, Salgé et Breval Desgranges et Mme Poll.

Architecture

2e médailles. — MM. Dehault, Harlay, Janin et Chauvert.

3e médailles. — MM. Laprade, Imandt, Sallez Saigne, Margotin, Dubos, Danis, Magne.

Mentions. — MM. Lucien Gaugé, George Crawley, Albert-Louis Gabriel, Constant-Eugène Coursimault, Georges-Ernest Mizard, René Gabriel, Eugène Guéry, EugèneHarot, Jacques-Albert Gsell Maury, Paul Louzier, Michel-Jean-Baptiste Dupré, Jean-Léon Ferlié, Gabriel-Alfred Simon, NicqDoutreligne, Georges-Eugène Migeon, Joseph Lesage.

Informations

A l'Académie des beaux-arts il a été donné lecture des rapports sur les prix Bailly, Bordin, Duc et sur l'important prix Alphonse de Rothschild, de 12.000 francs, qui sera attribué pour la première fois à l'œuvre d'un artiste remarquable.

Ces prix seront décernés au cours de la prochaine séance.

—o—

La Société de «l'Union centrale des Arts Décoratifs» a réélu dans sa dernière assemblée générale les membres de son bureau, en tête M. Georges Berger, président au scrutin de ballottage (Conseil supérieur de l'instruction publique): M. Luc Olivier Merson (Ecole des beaux-arts) a été élu.

—o—

Le comité de l'Association des artistes-peintres, sculpteurs, architectes, etc. (Fondation Taylor). a attribué cette semaine le prix Gallimard-Jaubert, de 4.800 francs à Mme Cotard-Dupré, pour son tableau exposé au Salon des Artistes français ; plus deux prix extraordinaires de 600 francs chacun, l'un à Mme Sam de Hers pour son tableau exposé à la Société Nationale des Beaux-Arts, l'autre à Mlle Suzanne Minier pour ses deux pastels exposés à la Société des Artistes français.

—o—

Le 7 juin, dimanche de la Pentecôte, les sociétaires du «Art et Science» ont excursionné à Amiens ; notre ami FAGUS a parlé au Musée de Picardie, du «Puvis de Chavannes» et devant la «Cathédrale de l'Art Chrétien» ; puis M. Pierre DUBOIS, président de la Société des Antiquaires de Picardie et secrétaire des «Rosati» a promené ses hôtes dans «le vieil Amiens», dont il leur dit l'histoire.

—o—

Nécrologie. — Semaine funeste qui nous a apporté les avis de décès d'Edmond Grandjean, de Steinheil, de Jef Lambeaux, le grand sculpteur belge.

—o—

Epinal. — Notre correspondant nous écrit qu'une nouvelle Société d'Art s'est formée récemment à Epinal sous le titre : Société Vosgienne d'art ayant pour but de faire des Expositions de peinture d'art décoratif et industriel dans le chef-lieu du département et dans les chefs-lieux d'arrondissement. Une exposition est en formation en ce moment et doit avoir lieu du 12 juillet prochain au 30 août 1908.

Cette société, quoique de formation très récente, se compose à l'heure actuelle déjà d'environ 280 membres ; le Comité se compose de MM. Amann, artiste-sculpteur, Bernardin, Clesquin, architecte, Lecomte, professeur de dessin, Perron, inspecteur d'Académie, H. Perrout, Philippe, archiviste, Dreyfus, secrétaire-général, Husson, avocat, Baudoin, Armand, professeur de dessin, Chevalier Deflin, peintre décorateur, Etienne, professeur de dessin, Fricotel, Hugueny, Jacques, Lurçat, Benoît Lévy, Palmer, sculpteur, D'Pasteur, Pellerin, Perront, avocat, Capitaine Renault, Schwaab, tous à Epinal, Gebhardt, à Paris; Hindermeyer, à Remiremont ; Lederlin, à Thaon ; Albert Ohl, artiste graveur à Saint-Dié; P. Descelles, artiste-peintre à Saint-Dié ; Weick, à Saint-Dié ; Viry, à Gérardmer ; Henri Ruvel, artiste-peintre à Saint-Dié.

Je vous enverrai en temps et lieu un compterendu de cette première exposition qui, nous l'espérons, aura un succès, encore que ce succès soit basé sur les adhésions d'exposants, nous en avons déjà reçues jusqu'à ce jour un certain nombre.

Albrecht OHL

EXPOSITIONS A VISITER

PARIS

PARIS. — Salon des Artistes Français, Grand Palais des Champs-Elysées, jusqu'au 30 juin.

PARIS. — Société Nationale des Beaux-Arts. Salon de 1908, jusqu'au 30 juin.

PARIS. — Exposition des arts de la mer (peintres de marines) à la terrasse des Tuileries, jusqu'au 3 juillet.

FONTAINEBLEAU. — Au Monastère de Barbizon, exposition Pierre Thorel.

PARIS. — Coopérative artistique, 3, rue Laffitte. Exposition permanente d'œuvres modernes.

PARIS. — Exposition rétrospective à Bagatelle organisée par la Société Nationale des Beaux-Arts.

BAGATELLE. — Exposition au Polo, exposition d'artistes modernes, jusqu'au 25 juin.

PARIS. — Galerie Sedelmeyer, 4 bis, rue de la Rochefoucault, exposition de «Cinquante chefs-d'œuvre de maîtres anglais» organisée par l'Orphelinat des Arts.

PARIS. — Exposition Gaston Latouche, chez Georges Petit, 8, rue de Sèze.

PARIS. — Exposition Humphrey Moore, jusqu'au 27 juin, Galerie des Artistes Modernes, 19, rue Caumartin.

PARIS. — Galerie Hébrard, 8, rue Royale. Exposition des œuvres du Prince Troubetzkoy, jusqu'au 16 juin.

PARIS. — A la Bibliothèque Nationale, Exposition de l'œuvre gravé de Rembrandt, jusqu'au 30 juin.

PARIS. Musée Galliéra, exposition de la Pararo.

PARIS. — Au musée des Arts Décoratifs, exposition de l'art théâtral organisée par l'Union centrale des Arts décoratifs, jusqu'au 15 octobre.

PARIS. — Galeries Allard, 20, boulevard des Capucines, tableaux et dessins de J. S. Kever, jusqu'au 30 juin.

PARIS. — Galerie Félix Gavaroc, 10, rue de la Paix, exposition permanente de marbres statuaires d'artistes contemporains.

VERSAILLES. — 55e Exposition de la Société des «Amis des Arts de Seine-et-Oise», jusqu'au 5 juillet.

PONTOISE. — Exposition de la Société artistique, à l'Hôtel-de-Ville, jusqu'au 30 juin.

DÉPARTEMENTS

NANCY. — Exposition annuelle de la Société lorraine des Amis des Arts, jusqu'au 26 juillet.

DIJON. — Société des Amis des Arts de la Côte-d'Or. Exposition des Beaux-Arts, jusqu'au 15 juillet.

BERGERAC. — Exposition Internationale, jusqu'au 5 juillet, avec section des beaux-arts.

MONTPELLIER. — 21e Exposition de la Société Artistique de l'Hérault.

CALAIS. — Exposition Internationale avec section de Beaux-Arts jusqu'en octobre.

TOULOUSE. — Exposition internationale de mai à septembre, section de beaux-arts.

AMIENS. — Exposition triennale des Beaux-Arts, jusqu'au 6 juillet.

ÉTRANGER

LONDRES. — Exposition Franco-Anglaise, de mai à novembre 1908.

BRUXELLES. — Exposition de la Société Royale des Beaux-Arts, jusqu'au 14 juin.

TURIN. — Société promotrice des beaux-arts, 2e exposition quadriennale, en 1908, jusqu'au 30 juin.

PITTSBURG. — Institut Carnegie, exposition Internationale de peinture et sculpture, jusqu'au 30 juin.

ROME. — Société des Amateurs des beaux-arts. Salle del Palazzo Via Nationale. Exposition internationale, jusqu'au 15 juin.

FLORENCE. — Troisième exposition des beaux-arts des Artistes Italiens, jusqu'au 30 juin.

BADEN-BADEN — Exposition annuelle des Beaux-Arts, au *Badener-Salon*, jusqu'au 30 Novembre.

ANVERS. — Exposition triennale jusqu'au 21 juin.

LIEGE. — 21e Salon au Palais des Beaux-Arts, section française, jusqu'au 21 juin.

EXPOSITIONS PROCHAINES

PARIS

PARIS. — Grand Palais des Champs-Elysées, Salon du Mobilier, Je juillet à octobre (section des beaux-arts). S'adresser à M. H. Pairault, 3, passage Nollet, à Paris.

MELUN. — Société des Amis des Arts, Exposition annuelle du 8 au 26 juillet.

DÉPARTEMENTS

EPINAL. — Exposition de la Société Vosgienne d'Art, du 12 juillet au 30 août.

BEAUVAIS. — Société des Amis des Arts de l'Oise, Exposition des Beaux-Arts du 20 juin au 20 juillet.

AUXERRE. — Exposition des Beaux-Arts, du 12 juillet au 31 août 1908. Dépôt des œuvres à Paris chez M. Robinot (50, rue Vaneau) du 9 au 16 juin. Envois directs jusqu'au 5 juillet, dernier délai.

Voir le Règlement dans notre numéro du 31 mai.

BAYONNE. — Exposition de la Société des Amis des Arts de Bayonne-Biarritz, du 25 août au 25 septembre. Dépôt des œuvres chez M. Robinot 50, rue Vaneau à Paris, jusqu'au 15 juillet.

TOULON. — Exposition des Amis des Arts, en avril 1909. Pour tous renseignements, s'adresser à M. Gabriel Drageon, secrétaire-général, 6, rue Picot, à Toulon.

NANCY. — Exposition internationale en 1909. Voir le règlement dans nos numéros du 15 décembre et du 26 janvier.

EVREUX. — Société des Amis des Arts de l'Eure, exposition de peinture du 12 Juillet au 16 Août. Dépôt des œuvres à Paris, 15 au 20 juin, chez M. Nuvez, 17, rue de Maistre ; envois directs à Evreux, rue Victor Hugo avant le 25 juin.

Voir le règlement dans notre n° du 1er Mars.

CHARLEVILLE. — Union artistique des Ardennes. Exposition du 28 juin au 26 juillet. Envoi des notices avant le 15 mai. Voir le règlement dans notre numéro du 19 avril.

SENS. — Exposition des Beaux-Arts du 20 au 30 juin. Dépôt des œuvres à Paris, chez Delille, emballeur, 10, rue de Navarin, du 10 au 20 mai. Envois directs jusqu'au 25 mai (franco).

GRENOBLE. — Société dauphinoise des Beaux-Arts, première Exposition au Palais de l'Industrie, avec exposition rétrospective de l'œuvre de F. Ravier, en juin.

DIMANCHE 21 JUIN 1908.

Le N° 25 Centimes

REDACTION : 29, Rue de Paradis, PARIS

Téléphone : 443-80

LA REVUE DES BEAUX-ARTS

Peinture - Sculpture - Architecture
Gravure - Musique

Renseignements Artistiques
Expositions - Concours

ABONNEMENTS pour la FRANCE { Édition ordinaire 10 fr. { Édition de luxe 20 fr.

L'édition de luxe contient chaque semaine des reproductions de maîtres, hors texte.

ÉTRANGER : 20 fr. et 30 fr.

Il n'est pas accepté d'abonnements pour une durée moindre d'une année, mais le paiement peut être effectué trimestriellement.

L'abonnement est renouvelé de plein droit, faute de prévenir par lettre avant l'expiration. Les règlements trimestriels doivent être adressés en mandats à l'administration, en cas contraire les frais de recouvrement (50 centimes) sont à la charge de l'abonné. L'abonnement part invariablement des 1er Janvier, 1er Avril, 1er Juillet et 1er Octobre. La Revue ne paraît pas du 15 Août à fin Septembre.

BUREAUX A LONDRES : 199, Piccadilly-W.

GAZETTE HEBDOMADAIRE
Fondée en 1830

Georges DRACK, Secrétaire

HENRY REVERS, Directeur

RÉDACTION : Jeudi et Samedi, 4 h. à 6 h.
SECRÉTARIAT : Lundi et Mercredi 2 à 4 h.

Administrateur, GEORGES RENE

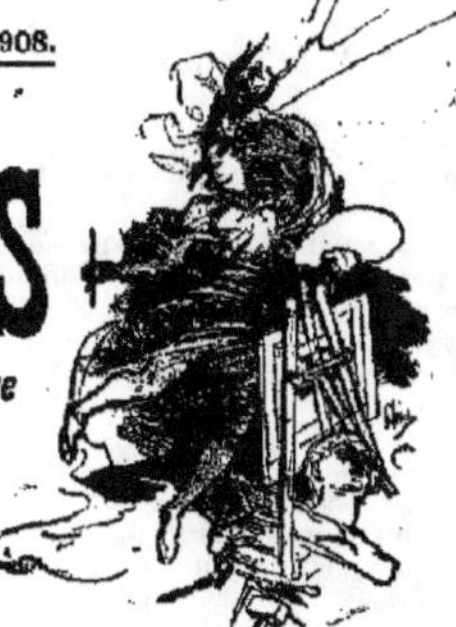

Les Maîtres Anglais à Paris

Il serait puéril et décevant de brûler ce qu'on a adoré ou simplement de manquer de respect aux artistes distingués qu'en sa jeunesse on a admirés, car l'émotion d'art subsiste devant leurs œuvres. Je pensais cela en visitant, l'autre matin, la Rétrospective de Cabanel, qui mourut glorieux ; et pourtant je vous le dirai avec la franchise un peu simple qui me caractérise, bien des numéros me causèrent une gêne de ne pouvoir retrouver les beautés évaporées, ou démodées, que la démolition du Palais de l'Industrie semble avoir empoussiérées.

J'estime pourtant si bête que l'Art subisse le caprice tyrannique d'une mode, ce courant d'air qui affole pour un moment, que je me rassérénais d'un peu de réflexion avant de remonter chez nos contemporains, les petits-fils de Cabanel aux Artistes Français, les petits-neveux de Manet à la Nationale.

Évidemment, mon manque d'enthousiasme est dû à l'absence de la plupart des meilleures toiles de Cabanel, à la présence d'une majorité de portraits bourgeoisement exécutés pour l'équilibre du budget de l'artiste, qui fut un mondain. Au surplus cette apothéose (sans fleurs ni couronnes) n'a été la cause d'aucun accident, la réputation des crinolines a seule été légèrement blessée.

Le costume des femmes ayant posé devant David, Gérard, Prud'hon, et devant les peintres d'Outre-Manche portraiturant à la même époque, était probablement plus rationnel, cachant moins la forme humaine, puisqu'ils ne gênent pas la manifestation de sa beauté.

C'est avec une satisfaction grande, une joie profonde que l'on entre en contact avec les personnages que la galerie Sedelmeyer nous montre en de savoureux portraits, robustes parfois, et dont les cadres espacés s'appuient sur le traditionnel fond vieux rouge ; ce fond, en dépit de ce qu'en pensent certains novateurs modern-stylistes, est le plus savant, celui qui tourmente le moins le sens oculaire.

Que M. Revers me permette d'employer l'expression très juste dont il se servit pour l'exposition des *Cent pastels français*, ici encore : *c'est un régal de haut goût*.

Pour les dilettantes d'enivrantes résonances picturales, les deux expositions sont presque complémentaires (bustes au pastel et portraits en pied à l'huile) Rue de Sèze,

des La Tour, des Perronneau très serrés, des Boucher aimables et lâchés, des Chardin chargés d'humour, des Greuze exaltant la tendresse sentimentale des adolescentes. (Pauvre Greuze qui mourut pauvre et oublié !) Rue de Larochefoucauld, des Reynolds (1725-1792). *Mary Wharton* aux demi-teintes légères, *Lady Carysford* à l'image très décorative ; des Grainsborough (1727-1788) *Georgina Comtess Spencer*, très vêtue d'une robe sombre, ses mains croisées sont fuselées et aristocratiques.

Les mains ont des physionomies comme les visages. Elles demandent à être très correctement dessinées et modelées avec soin. Malheureusement les dames n'aiment pas à les poser, c'est difficile et laborieux, aussi les portraitistes en sont-ils réduits à réaliser ces intéressantes extrémités d'après des professionnels modèles, qui, eux, n'ont pas toujours le geste de noblesse.

De Grainsborough aussi ce jeune homme à l'œil malin, le menton glabre, les cheveux poudrés et frisés.

Russell nous charme avec la figure aquiline de *Miss Chambers*. C'est là toute une composition d'une agréable et ingénieuse ordonnance. Dans un paysage accidenté, où coule un ruisseau, *Miss Chambers* rêve, et son épagneul dort. Une écharpe rose qu'on aimerait à porter aujourd'hui se montre et se dérobe tour à tour avec beaucoup de grâce ; enfin Miss Darby est une petite merveille !

Et quel délicieux peintre que Georges Romney (1734-1802). Voyez, de lui, ce jeune homme assis montrant une pièce ou une médaille.

De Hoppner (1758-1810), *Miss Angestein*, brune au teint coloré, à la lèvre purpurine. Dans ce portrait fort expressif, le maître se montre supérieur ; voyez aussi *Daughter of the Earl of Westmorland*, un ange des ciels de Murillo !

Lady Arundell dessine une dame grasse, souple et jolie, de geste simple (la main fermée du bras gauche tombant est moins heureuse que le reste du tableau.

Sir Thomas Lawrence vécut soixante et un ans (1769-1830), c'est un Maître, il a fait rêver bien des portraitistes français qui ont objectivé leurs idées vers son art subtil et charmant.

« Binny and his two daughters » est le titre d'une œuvre importante de Lawrence.

Chaplin, qui était un Anglais naturalisé, a eu, lui aussi, la belle pâte onctueuse, épaisse, étendue sans heurts, sans ces empâtements par à-coups actuellement très prônés. Il a audacieusement fait chanter les vermillons reflétant sous les ombres des narines bougeuses et les bleus fins (dans les demi-teintes) voluptueuses caresses sur de jeunes chairs.

Les artistes non sans mérite, certes, dont on dit depuis quelques lustres : « Ils font penser à l'école anglaise du XVIIIe siècle » X... qui est de l'Institut, Y... qui est très réputé dans le Salon rival, abusent des fonds fuligineux trop ostensiblement sacrifiés, et des harmonies obtenues avec des brossés de teintes sans consistance, lesquelles perdront en peu d'années, sous l'action déprimante de l'air et de la lumière, leur fraîcheur relative.

Il faut donner un corps à son métier, une âme à son art.

HABERT.

RÉSULTATS FINANCIERS
auxquels sont intéressés nos Abonnés

PANAMA A LOTS

**Le numéro 1.157.611 gagne
250.000 francs**

**Le numéro 1.582.377 gagne
100.000 francs**

Les deux numéros suivants gagnent chacun 10.000 francs : 601907 — 82481.

Les deux numéros suivants gagnent chacun 5.000 francs : 1172123 — 1947495.

Les cinq numéros suivants gagnent chacun 2.000 francs : 643163 — 447673 — 563704 — 830006 — 804250.

Cinquante autres numéros gagnent chacun 1.000 francs.

Nous engageons nos abonnés à consulter les carnets-primes que nous leur remettons gratuitement, ces carnets comportant une liste de numéros qui leur offrent trente chances annuelles (pendant deux années) de gagner des lots de 500.000 francs — 200.000 francs — 100.000 francs, etc.

**Abonnez-vous à la
Revue des Beaux-Arts**

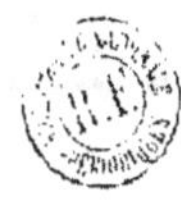

LA SCULPTURE [1]

A LA SOCIÉTÉ DES ARTISTES FRANÇAIS

(Suite)

Les Figures. — *Le Secret du torrent* se corporise, aux yeux de M. Loiseau-Bailly, en une effigie féminine aux courbes moelleuses, ondulantes, très adéquate à l'idée des eaux mouvantes et rapides.

M. Puech expose un *Portrait de S. A. S. le Prince Albert 1er de Monaco*, figure de vie grave et concentrée, intelligemment résumée en un acte, dont l'apparence machinale implique pourtant le sens mental.

M. Coutheillas a restitué à la *République* la beauté idéale qu'elle devait avoir sous l'Empire.

Boucher de Perthes, par M. Fontaine, est une statue au geste simple, totalisant avec sûreté toute l'intention biographique ; à la structure très amplement décorative.

De M. Gauquié : *Floréal*, figure au mouvement auguste de semeuse, dispensatrice des maternités végétales ; et *Patrie*, d'un impressionnant caractère religieux, avec la majesté de rythme d'un hymne.

Le Victor Hugo, imaginé par M. Jean Boucher comme une force pensante, penchée sur un gouffre, harcelée par l'ouragan, est très littérairement romantique et légendaire.

On ne voit pas sans plaisir : *Surprise*, de M. Peynot ; *Retour de la Pêche*, de M. Legrand ; *Le petit tambour Bégle* et *Le moineau de Lesbie*, par Mme Coutan-Montorgueil ; *Puisatier*, de M. Fernand Dubois ; *Narcisse*, de M. Greber ; *L'Enfant prodigue*, de M. Maulin ; *Le dernier pas*, de Nilsson ; *Désolation*, de M. Dominguez ; *Câlinerie*, de Mlle Mautard.

M. Frémiet a deux grandes figures allégoriques, destinées à la place du Carrousel.

M. Déchin a remédié à l'indigence ornementale du costume moderne, en drapant la statue d'*Eugène Guillaume*, dans un manteau qui a la disposition et les plis d'une toge.

M. Gasq allégorise *Le Milieu du jour*, par un robuste adolescent, dressé, comme dans une extase, vers le soleil au zénith.

Le soir, de M. Lemaire, prend sa forme figurée en un corps de femme, aux méplats larges, sans insistances d'accents, prêt à s'annuler sous un voile qui se déploie.

Une intention très raisonnée s'inscrit dans la figure en pierre de M. Huin, *Douleur*, où toute ligne, toute inflexion concourt essentiellement à l'impression.

L'esprit du monople, par Mlle Downing, est une bribe de thèse sociale assez étrange, et qui resterait tout-à-fait inintelligible à un visiteur sans catalogue.

Brodeuse de Pont-l'Abbé, par M. Quillivic, a un mouvement d'une merveilleuse justesse, exprimant l'accaparement absolu de la femme par le travail qui occupe ses mains.

M. Ruffony a campé son *Faucheur* dans une très véridique posture paysanne.

Avec sa chair copieuse, son geste lascif, *La femme* est représentée, par M. de Czarnowski, comme une créature semi-bestiale, toute d'instinct luxurieux. C'est un point de vue...

Bien vivant et amusant, *L'Enfant au masque*, motif de fontaine, par M. Robert-Champigny.

M. Fry expose, coulé en bronze, son *Chef indien Mahaska*, au dessin décoratif, à la vie ardente, vu en plâtre l'an dernier ; et *La Ville de Paris*, délicate effigie, d'une jolie grâce tanagréenne.

Une grande sincérité d'expression attire dans *Le berger*, immobile silhouette de vastes paysages, par M. Rémondot.

Nous retrouvons en bronze *Le trouvère*

[1] Voir notre numéro du 14 juin.

Rutebœuf, de vie si fougueusement extériorisée, dont M. Rivet exposa en 1907 le modèle en plâtre.

Une très belle chose : *Le Sacerdoce*, d'un haut et noble caractère symbolique, par M. Besqueut.

La nuit, de M. Sicard, est une figure de métier impeccable, mais dont la posture tourmentée est contradictoire au sens allégorique.

Le Grand Ferré, par M. Henri Vidal, est d'un bel art énergique et pensif, qui atteint au profond de notre sensibilité, parce qu'il est la forme, matériellement belle, de la pensée de la race.

On doit s'arrêter à *La femme au bain*, d'un solide équilibre musculaire, par M. Fernand David ; *Après le péché* de M. Salles ; *Frisson*, charmant corps de fillette, au mièvre geste coquet, par Mlle Laurent ; *Fragment*, par M. Dimitriadis ; *La vague*, onduleuse et cadrée par M. Picaud ; *La femme au singe*, d'un charme énigmatique, inquiétant et compliqué par M. Alaphilippe.

Soir de victoire, par M. Laporte-Blairsy ; un cuirassier, drapé dans son manteau, veillant les drapeaux vaincus, en mourant à ses pieds ; composition aux lignes austères, qui a la grande allure d'un symbole éternel.

M. Yrondy a fait, de sa jeune *Martyre*, l'étude précise d'un gracile corps d'adolescente.

Ce sont surtout les détails d'une scrupuleuse construction anatomique que semble avoir poursuivis M. Delaigue dans *L'homme et l'idole*.

Dans *Rires et pleurs*, M. Blondal a mis toute sa science des incidents plastiques, qui définissent les petites réactions psychiques de l'enfant.

Le maître d'œuvre, Pierre de Montereau, par M. Bouchard, est une figure d'intense réalité ; construite en vue de l'essentielle signification mentale, et, ainsi que le Grand Ferré de M. Vidal, selon l'idéal français.

M. Bouchard nous montre aussi, sous les espèces définitives du bronze, le *Laboureur au repos*, dont nous avons longuement disserté l'autre passée.

Très touchant, le *Jeune aveugle* de M. Dudouit, avec ses lignes doucement estompées, qui lui font comme une individualité incertaine, éparse, plaintivement tributaire de l'ambiance.

Un lien logique d'idée à exécution est dans *Le Maudit* de M. Lecoq : courbé sous le souffle lourd de l'irrécusable imprécation, l'homme vil, dompté, cheminant sans révolte sur un sol noir et nu, où sont éclos seulement les cruels cactus.

A son *Michel Servet*, Mlle Roch a attribué, il semble avec intention, une ressemblance avec un Ecce Homo.

On prend intérêt à : *Au rivage*, de M. Bezner ; *Charmeur*, de M. Jardella ; le *Pêcheur*, de M. Gabowitch ; *Jeune fille*, de M. Pasche ; *Ivresse printanière*, de M. Pourquet ; *Première victoire*, de M. Stoll-Courquin ; *La chercheuse de pommes de terre*, de M. Neujd.

L'Enfant aux nattes, de M. Birot, est une petite figure très simple, inconsciemment marquée de mysticisme.

LÉON DE SAINT-VALERY.

(A suivre)

Voir aux prochains Numéros :

Nos Comptes Rendus des Expositions de

NANCY — AMIENS — DIJON

PONTOISE — VERSAILLES, etc.

L'ART DÉCORATIF

XXI

On m'objectera que les industriels dits d'art ne peuvent pas à ce point se tromper sur leurs propres intérêts commerciaux, et que s'ils asservissent ou calomnient les artistes manifestant des intentions réformatives, il est possible qu'ils aient quelques bonnes raisons...

Hélas ! j'ai essayé en vain de démêler, au travers des discussions nombreuses que j'ai eu personnellement l'occasion de soutenir avec leurs représentants, quelques arguments témoignant que, si les industriels se trompent régulièrement, du moins ils sont de bonne foi. J'ai constaté seulement leur âpre désir de rendre insolubles toutes les questions posées, leurs efforts pour les compliquer, afin d'égarer les esprits insuffisamment initiés, en un mot leur désir de maintenir à tout prix du *statu quo*. Il est de toute évidence que ce *statu quo* est utile aux intérêts immédiats de ces Messieurs qui se montrent si parfaitement indifférents de l'avenir de nos industries françaises.

D'ailleurs, quelques artistes, arrivistes habiles, ont augmenté l'hésitation regrettable des Pouvoirs publics : ces artistes, ou bien se sont transformés en entrepreneurs, en adoptant les mœurs et usages de certains industriels qu'ils ont pris pour modèles, ou encore ils se sont purement associés à la néfaste *Union Centrale*, en échange d'une assurance de commandes suivies et de distinctions honorifiques !

Mais ces artistes fort habiles, renégats égoïstes et prétentieux, n'ont pas permis d'arrêter les critiques trop fondées, car leur défection à la cause commune n'a pas modifié la situation.

Quelque jour je prendrai la liberté de citer des noms, de raconter des histoires fort intéressantes sur lesquelles je possède des documents probants ; je citerai notamment le cas de certains artistes se révélant subitement défenseurs éminents de nos auteurs des arts appliqués, réclamant avec véhémence et autorité des réformes efficaces, et puis... s'interrompant dans leur action déclarée par eux-mêmes irréalisable. Le secret de ces véhémences sitôt calmées a besoin d'être expliqué ; nos lecteurs verront comment les revendications formulées par notre syndicat des sculpteurs-modeleurs dès 1894 ont pu être considérées successivement comme anarchistes par les industriels, et comme réactionnaires par les artistes devenus les courtisans ou les imitateurs de ces mercantis.

Pour ma part, j'ai toujours considéré que la question devait être posée sur le terrain nettement *économique et juridique*, et c'est d'ailleurs pour cette raison que nul n'a pu interrompre le cours et les effets utiles de notre action. En vain l'on a tenté de nous entraîner dans des discussions stériles de doctrines artistiques, véritables querelles byzantines suscitées adroitement par les industriels, soucieux de diviser nos divers groupes artistiques dans la défense de leurs intérêts semblables.

En restant inactifs par prudence, les Pouvoirs publics, trop facilement impressionnés par l'importante situation financière de nos contradicteurs industriels, reculent l'échéance fatale d'une constatation brutale, mais elle s'impose, le Pays tout entier l'attend.

En vain l'on a feint d'ignorer les efforts de notre Syndicat qui, seul parmi les Sociétés éphémères et impuissantes qui depuis seize ans se sont succédé sans résultats pratiques, a su placer et développer la question sur son véritable terrain.

Quelle que soit l'importance de leur fortune, malgré leurs influences politiques toute-puissantes, nos industriels-commerçants ne peuvent plus dissimuler à tous les esprits clairvoyants que les industries d'art françaises périclitent, cependant que les Écoles augmentent inutilement le nombre des artistes inemployés, inutilisés ou incapables.

C'est seulement par et pour le *professionnel-technicien* que la situation pourra s'améliorer et redevenir florissante. L'enseignement professionnel réorganisé, les droits des artistes enfin précisés et garantis, tels sont les deux points principaux que nos Ministres ont à solutionner à bref délai, s'ils ne veulent pas tarir pendant longtemps la source vive de la vitalité artistique, industrielle et commerciale de ce Pays.

L'industrie d'art se meurt lentement en France, bien que les mercantis s'enrichissent, parce que les techniciens, les auteurs, en un mot, les cerveaux créateurs ont été réduits en servage, parce qu'ils ne sont jamais appelés à donner leurs avis, à prêter leurs concours.

Toutes les calomnies ont été inventées pour les écarter et pour sauvegarder exclusivement des réputations orgueilleuses, surfaites ; or, la situation actuelle les a déjà condamnées !

GRANDIGNEAUX.

JEAN BAFFIER
par Edouard Achard

V

Pour *l'Homme du Pays*, du monument aux enfants du Cher, morts pour la Patrie, de Bourges, il avait ainsi conçu un piédestal, adopté d'abord puis écarté, qui s'appropriait bien à l'ambiance du milieu. Il représentait une chapelle funéraire, à la porte de laquelle une jeune Berrichonne, coiffée du bonnet traditionnel, après avoir gravi les marches d'un calvaire, suspendait une couronne d'immortelles. Aux quatre angles de ce piédestal, en manière de contrefort, quatre canons debout, reposant sur des bonnets enguirlandés de lauriers, rappelaient par leur choix quatre grands faits d'armes : canon de Marignan, canon de Rocroi, canon de Valmy, canon d'Austerlitz. Enfin, aux quatre angles de la corniche, formant dais au-dessus des canons, quatre casques évoquaient quatre périodes de notre histoire : le casque du brenn gaulois Vercingétorix, le casque de Godefroy de Bouillon, le casque de Jeanne d'Arc, le casque de nos armées de la première République et de l'Empire. Ainsi Baffier, par son monument, dans Bourges, vieille ville gothique et maintenant fonderie et dépôt d'artillerie, reliait le passé au présent et les offrait en enseignant à l'avenir.

Pour le piédestal de *Michel Servet*, l'artiste, au lieu d'indiquer à son sommet, comme il est d'usage, un bûcher dont le foyer brûlerait à peine la plante des pieds de la victime, en a fait le thème même du piédestal. Il a complété l'allégorie par des flammes placées aux angles du piédestal et reliées entre elles par un encadrement de chaînes. Près de chaque flamme se dresse, venimeuse une vipère.

Et puisque le buste de la *Grand'mère* est exposé ici il n'est que juste de parler de son socle composé dans le même ordre d'idée. Ce socle dit, en effet, par ses motifs décoratifs, que la vénérable aïeule fut une manufacturière de haute valeur dans l'industrie linière. De chaque côté, des bas-reliefs linéairement modelés rappellent les paysages du Nord aux légères ondulations avec leurs plantations de lin, richesse de la région. Le long des frises courent de même la plante avec sa fleur.

Comme nous venons de le voir, le maître statuaire continue la tradition, mais en créant à nouveau.

Aussi devait-il être amené à faire le procès de la Renaissance, ce mouvement parti de l'Italie et qui fut si fatal à notre art national, dont il arrêta l'essor. « Je ne crois pas, dit-il, dans sa brochure *Le Musée du soir et la Force créatrice*, en réponse à M. Gustave Geffroy, après réflexion sérieuse, qu'on puisse classer comme poussée créatrice ce qu'on est convenu d'appeler Renaissance, car, à mon humble avis, Bramante, Raphaël et Michel-Ange, sont des talents immenses, énormes, formidables, admirables, mais ce ne sont point des novateurs. Mettre le Panthéon de Rome sur le Parthénon d'Athènes, c'est hardi, ce n'est pas génial. »

Et il part de là pour dire comment il comprend la force créatrice et quel est son rapport avec les musées que M. Gustave Geffroy, le nouveau directeur de la manufacture des Gobelins, considérait comme des sources d'émulation.

« Je vous affirme en mon âme et conscience, lui dit-il, que je considère les musées, en tant qu'utilité au point de vue de l'émulation créatrice, comme absolument inutiles ; je dirai même plus, ils sont nuisibles, car ils ne présentent, en somme, que des fragments dépareillés, n'ayant entre eux aucune corrélation. N'étant pas de fait, dans leur ambiance rationnelle, ils ne peuvent dégager ce que j'appellerai l'effet d'ensemble, c'est-à-dire la caractéristique du concept initial qui a déterminé leur création.

« Les musées modernes ne sont que les hôtels des Invalides de l'art, que nous devons visiter de temps en temps, comme philosophes, comme penseurs : il faut y passer : méditer quelque temps, saluer avec respect et se retirer.

« Pour créer, il faut être dans le mouvement de la vie, c'est-à-dire au centre de tout ce qui vibre. Il faut prosterner son front devant la grande œuvre de Dieu : la Nature, l'adorer dans son infinie grandeur en embrassant la terre et le ciel ; il faut se mettre à genoux devant le brin d'herbe et contempler longuement et tendrement la plus petite fleur. Alors, si on est pénétré des splendeurs de la création, si l'on est ému par le mystérieux rapport des êtres et des choses, on peut chercher à réaliser l'œuvre d'art. »

Et, complétant le développement de sa pensée esthétique, déjà si largement établie, il ajoutait : « C'est donc dans l'âme d'une nation que doit se trouver le courant d'émulation qui déterminera l'impulsion créatrice, et non dans la contemplation des débris provenant des civilisations antérieures, pas plus que dans les théories des professeurs et des règlements d'exposition. »

Toute l'œuvre de Jean Baffier à ce jour est conforme à cette conception si haute de la force créatrice, exaltation de la dignité du travail, noblesse des peuples forts, qui se place comme le digne descendant intellectuel des maîtres les œuvres dont les splendides documents façonnés restent l'admiration des siècles.

Fin

LES GRANDES VENTES

On annonce pour le 30 courant la vente de la galerie Franz Greb, qui se fera à Munich par les soins de M. Helbing.

Demander le catalogue à cette adresse : M. Hugo Helbing, Kunsthandlung und Kunstantiquariat, Munich, 21, Liebigstrasse.

—o—

Jeudi dernier, Me André Couturier a obtenu de belles enchères dans sa vente de la collection Charles Toché. Outre les tableaux, aquarelles et études de cet artiste, les amateurs se sont disputé un fragment de la Sainte Scène, par Tiépolo, et divers cartons de dessins, gravures et lithographies fort intéressants.

L'Exposition Canine[1]

« Ah ! les chiens ! disait Rosa Bonheur, c'est pure chimère que tenter leur représentation picturale, aucun animal n'est plus mobile, plus difficile à saisir dans son caractère ; je les étudie depuis... soixante ans, et je ne me pique pas de les connaître encore ; du moins, j'ai appris par quoi les meilleurs d'entre nous, Desportes, Oudry, ont été trompés ; ils ont saisi *les airs de tête*, incontestablement, mais non l'allure, le mouvement, le frémissement de vie, que nous guettons, et qui nous échappera toujours... »

Avec toutes ces difficultés, le chien est une passion pour l'animalier, il aime en lui l'antagoniste avec lequel on n'en a jamais fini, tandis qu'il fournit, d'abondance, mille images charmantes à la plume du poète ; celle-ci, du bon Coppée, est encore présente à la mémoire :

J'ai bien souvent tué.
En guerre, n'est-ce pas ? on s'est habitué.
Je fus du peloton un jour à la Barbade
Qui devait fusiller mon meilleur camarade :
Et cela ne m'a pas donné le cauchemar.
Sous le contre-amiral Magon, à Trafalgar,
Ma hache a bien coupé pendant des abordages
Plus de dix mains d'Anglais s'accrochant aux cordages
Je n'y pense jamais, pas plus qu'au peloton ;
À Plymouth, j'ai plongé, pour m'enfuir du ponton,
Mon poignard dans le dos à deux factionnaires
Et sans m'en repentir jamais, mille tonnerres !
Mais d'avoir évoqué ce souvenir ancien,
De vous avoir conté le meurtre de mon chien,
Je ne dormirai pas de la nuit et pour cause...

Mais sur ce thème, le peintre ne ferait qu'un *tableau de genre*, et nous visons plus haut, me disait Jules Gélibert chez qui la sincérité, la modestie n'ont d'égale que l'ardeur au travail.

Le *Laurer d'un lièvre*, la *Prise du lapin blessé*, et en vérité toute la série d'études à l'huile, à l'aquarelle et au fusain rehaussé qu'exposait l'excellent artiste à l'Orangerie des Tuileries méritent l'attention, car, toutes, elles se distinguent par des qualités de construction et de couleur très caractéristiques. Chez Gaston Gélibert, la recherche décorative le dispute à l'observation de façon curieuse et attrayante : *Le Crépuscule* qu'il nous a montré, avec un effet de lune sur la mare où la meute blessée vient se désaltérer, est un très beau morceau de peinture.

De Mme Madeleine Aldebert, il faut retenir une *étude de griffon* (pastel) dans une allure familière fort bien rendue ; Mlle Louise Abbema est distinguée à son ordinaire ; M. René Choquet, qui a reçu d'Hormann Léon d'excellents préceptes, est pour la Société une intéressante recrue, et M. G. de Contouly compose avec infiniment d'adresse, ses *Natures-mortes* méritent une mention particulière.

Miss Maud Earl, dans une note personnelle, a fait connaître de beaux spécimens des races anglaises : M. René Hérisson, dont la pâte est un peu rugueuse, M. Jadin, tempérament observateur et peintre d'expérience, et M. Georges La Roque, qui s'attaque avec une égale maestria au cheval et à la figure, nous ont encore retenu :

M. Fernand Maissen, avec ses *Chiens de meute* dans la neige, points un peu en poche, a réalisé une juste impression, les petits tableaux de M. Maurice Moisand ont dû trouver des amateurs, citons un *Chasseur en bordure de Bois*, fin, précieux et bien campé.

(1) Voir notre numéro du 24 mai.

M. Ernest Noir s'est assimilé le « faire » des artistes de Fontainebleau, où il vit, et ceci n'est pas une critique : M. G. Rotig a portraituré ses fidèles compagnons avec esprit ; ses sangliers et ses cerfs dénotent, d'autre part, qu'il ne dédaigne pas les imprévus de la forêt. Un mot encore à l'adresse de M. Paul Tavernier, un vétéran du genre, toujours intéressant, mais auquel il faut reprocher d'oublier le paysage, et Gabriel Sue, aux tendances uniquement décoratives.

Aux aquarelles, M. Laurens de Waru a su prendre une bonne place aux côtés des Gélibert, la *Neige*, l'*Etang* de cet artiste ont été remarqués ; quelques sculptures enfin, complétaient l'Exposition des animaliers, on m'excusera de ne mentionner qu'un groupe *Hyènes*, de M. Edouard Mérite, représenté ailleurs par des dessins sérieux, et un *Combat de Cerfs*, tout vibrant de vie intense, groupe bronze par M. Ernest Dagonet ; tous deux sont élèves de Frémiet, et il convient de les féliciter.

H. R.

LES GRAVURES

DE

M. Henri Le Riche [1]

M. Henri Le Riche, qui a deux personnalités, celle du peintre et celle du graveur, possède aussi une faculté de logique interdisant à l'une de ces personnalités d'opprimer l'autre. Peintre, il éprouve et transmet la joie violente des chaudes colorations, le charme fin des nuances, tout ce qui, dans son art, influence profondément la sensualité oculaire. Graveur, il renonce à ces moyens d'action ; et, puisqu'à la tache, qui est une impression, il substitue la ligne, qui est une convention cérébrale, il s'adressera surtout à l'intelligence. Tous les portraits gravés qu'il expose ici affirment cette préoccupation.

Chacun d'eux, systématique et précis, résume des caractères qui sont comme l'historique du modèle. Le trait délimite d'abord un bref schéma anatomique, relevant et accentuant ces particularités osseuses ou musculaires qui constituent la physionomie.

Mais ceci, qui est seulement la ressemblance périphérique, ne satisfait pas l'artiste. Concluant des circonstances physiques à leur cause mentale, il poursuit la définition psychologique de son modèle, et aussi, élargissant le sens du portrait, la généralisation d'un type d'époque. Car tous les vivants ne sont pas nécessairement des contemporains ; des âmes restent très antérieures : des physionomies sont du Moyen-Age, de la Renaissance, du dernier siècle. Avec une extrême finesse d'observation, M. Henri Le Riche dégage une figure des accessoires, costume ou coiffure, qui la rendent superficiellement actuelle : et, par des artifices de décor, la situe à son plan, dans le temps aboli.

Une infinie variété de procédé, s'aidant de tous les genres, pointe-sèche, eau-forte, pointe ébarbée, devient, ainsi comprise et appliquée, moins une virtuosité de métier que la très souple et nombreuse syntaxe de toutes les intentions artistiques.

De sa valeur expressive, il ne faudrait point déduire pourtant une insuffisance d'exécution. L'artiste qui pense est, également, le bel artisan qui œuvre avec application, avec

(1) Exposition galerie Otto, 15, rue Royale.

enthousiasme, la matière. Le trait à la pointe est gras et flexible comme si un délicat pinceau japonais l'avait tracé ; l'eau-forte, moelleuse, profonde, veloutée, implique comme la peinture une ambiance ; l'encrage, noir ou teinté, a été fait, de la main même du graveur, avec cette même passion des valeurs qu'on apporterait à poser des tons d'aquarelle.

De toutes les œuvres exposées dans cette galerie nous devrons nous borner à citer quelques-unes :

D'abord, une petite merveille : une *femme* nue, ligne onduleuse, symbolique arabesque de vie, présentée sans décor, hardiment isolée au milieu d'une feuille blanche, pour la seule beauté du trait.

Le Portrait de Mme R..., où les yeux vivent intensément dans un visage âgé, joli, mélancolique et flou comme un souvenir.

Le Portrait de la Princesse X..., si curieusement écrit, avec tous les procédés, qui se complètent, concourent au but unique de donner l'impression d'une haute, robuste, magnifique fleur humaine, épanouie dans la forte allégresse d'exister.

Un *Portrait de fillette*, eau-forte en couleur, qui a la troublante vie sous-jacente des beaux portraits anglais.

Portrait de vieille Bourguignonne, une eau-forte de dessin strict et fondu, où la chair, aux larges méplats travaillés de rides, laisse deviner la dure construction osseuse.

Une *Etude de vieille femme*, pointe-sèche où les ombres chantent comme des gammes colorées.

LÉON DE SAINT-VALERY.

Au Palais de Glace

Avant d'esquisser le court prodrome qui nous est cher à Léon de Saint-Valery et à moi, je prie MM. les compositeurs un peu en l'air peut-être pendant les fêtes de rectifier...

1° Presque aussi *estampée* est la Jean-Goujonnesque décolorée de M. Tillier, etc.

Estampé en terme familier se dit d'une personne à qui le créancier majore fortement la douloureuse, j'avais mis *estompée* pensant au flou de la peinture.

2° La « Parisienne » et « Intimité » sont deux pimpantes toiles de M. *Bréauté*.

Et je commence ma dernière risette aux

HUMORISTES

...Ces Messieurs du Rire, vous disais-je, pincent les bonnes places (sans rire) et grincent même si l'on prétend occuper les médiocres.

L'infatigable distributeur d'euphémismes encourageants a consacré d'officialité le Salonnet humoristique. « La difficulté, dit une légende d'Abel Faivre, ce n'est pas de faire un tableau, c'est de savoir le regarder ». Et l'apologiste de l'extrême joliesse et des gestes chavirés dessine un amateur distingué qui, les mains à terre, les jambes en l'air, se met la tête à l'envers pour admirer. C'est à peu près ce qui est arrivé à M. le Sous-Secrétaire d'Etat aux Arts Incohérents (*pour cette fois*).

L'illustre visiteur taquinait distraitement une rosette violette flânant dans la poche de son gilet, lorsqu'il s'arrêta devant cette réflexion du galbé modèle académique posant en caleçon avant d'aller faire le *nu au Théâtre* : « Dire que c'est cette vieille peintresse qui est officier d'académie ! »

Et tout en reprenant la pose
Elle rit d'un rire ingénu
Elle se console ayant la rose
Aux deux pointes de son sein nu.

Le *Dessert du Dessert*, ne manque pas de touche. C'est une aquarelle passée à l'eau de Lubin par le bon graveur Detouche, peu dans le train (de plaisir), mais dont les danses espagnoles sont assez endiablées et sarcastiques (ollé, ollé !) pour faire fondre ce qui reste de glace en ce sous-sol où les diableries donnent des leçons de patinage aux bondieuseries.

M. Minartz, qui a décroché la médaille à quelque mât de cocagne à Neuillly-Foire, je pense, est aussi *jeton* ici que dans ses faux humoristiques chahuts, cimaisés à la Nationale.

Louis Morin, qui plaisamment décora le restaurant construit là où Puvis de Chavannes, Henner et Pils vécurent leur vie d'artistes, Louis Morin, disons-nous, esquisse un pseudo Watteau, le Watteau de la Chlorose : *Vers Lesbos, après Cythère*.

Une pièce curieuse a été achetée par un milliardaire, c'est un morceau de terre glaise informe orné de cette explication : *Signé : Rodin* ; cela vous ébaubirait, bourgeois, et vous couperait bras et jambes !

De Guydo, avec dessin à dessein : « Ton père dit que tu es une fille perdue.
— Si c'est possible, maman ! on me trouve partout. »

Les pastels de M. J. Wely sont jolis, certainement, mais appesantis, accusant la dépression physique et phsychique dont parle éloquemment notre confrère Maurice Hamel. Ses aquarelles délavées habilement sont plus légères et plus amusantes. Le *Vieil abonné* est une page rayonnante de malice et de goût.

A propos des appréciations de pastellistes, il est curieux de rappeler encore que Bachaumont écrivit pour le Salon de 1769 cette critique comparative sur Latour et Perronneau :

« On ne vante pas moins, dans les têtes de M. de la Tour, le roi du pastel, la beauté, le précieux fini de son faire, le grenu moelleux de ses chairs, qui, en découvrant les pores presque imperceptibles de la peau, ne lui ôte rien de son uni, de son velouté. Ce genre de perfection le distingue infiniment du pastel cru, dur, rembruni de M. Perronneau, dont les portraits ont aussi un caractère de rudesse qui doit l'exclure à tout jamais de peindre les Grâces, mais le rend très propre à tracer les rides de la vieillesse, la peau tannée d'une paysanne ou la morgue d'un Turcaret ».

Les visiteurs de l'exposition des 100 pastels ne furent pas de cet avis.

Pour revenir aux Humoristes, Piel étale au rez-de-chaussée tout ce qu'il y a de pis, du laid sans humour, du laid triste !

A la Mairie par Léandre : le maire et la mariée, dans un baiser municipal, trinquent du nombril ou du moins de l'écharpe tricolore, car le Maire est un mastodonte concave et la mariée un trottin-menu convexe.

Que dites-vous de cette recommandation de la Dompteuse (Bidel fecit) : « N'oubliez pas de mettre un peigne dans la cage aux serpents et dites au serrurier de soigner le Pithon et la Sonnette ».

Enfin, ce *Suprême Désir* que M. Fleurac fait exprimer à la célibataire nymphatique un jour de sac :
— Pourvu qu'ils n'oublient pas de me violer !

Et place au quadrille des Grotesques, des Hilares, des Burlesques et des Chargistes à fond de train (train de derrière), car les promeneuses callypiges font souvent les frais du Rire !

* *

Salon de l'Horticulture [1]

(*Suite et Fin*)

Les « Papavers » de Milley sonnent la fanfare des rouges ; au premier plan, les lignes incurvées

(1) Voir notre numéro du 31 Mai.

d'un baquet d'arroseur font très bon effet, cela donne beaucoup de vie à la composition.

Edmond Allouard choisit ses sujets comme pour une illustration de poèmes d'amour.

C'est là que souriante elle vint un beau soir,
Au rendez-vous galant où je la devançai...

Mlle Abbema, qui appelle notre Président le doyen des peintres-fleuristes, décore le restaurant Ledoyen d'un très décoratif panneau ; la finesse de ses tons évoque la *truite sauce verte*.

Ses orchidées et azalées du Japon se parent d'un exotisme qui ne manque pas d'attraits, mais le vase en silhouette de musette est d'une intensité de ton un peu absorbante peut-être ?...

Les aquarelles limitées par la ligne ovale, et signées par M. Pallandre sont des modèles de charmantes vignettes pour livres précieux ; « Parterres de fleurs au Grand Trianon, et les Marches roses à la terrasse du Château de Versailles ».

M. F. de la Motte a tiré le bon parti qu'il fallait de cet élégant « Parterre fleuri au Luxembourg » au centre duquel s'érige une colonne d'un joli effet.

La frise décorative de M. Troupeau montre toute l'ambiance d'un plein-air bien observé, enveloppant un « Pommier en fleurs. »

Encore un radieux paysage : « Ile fleurie au Bois de Boulogne », par Mlle Bernardin.

Relativement à son grand tableau du Salon des A. F., les odorants œillets de G. Bienvêtu sont des cartes de visite qu'on ferait somptueusement encadrer, comme il convient !

— J'aime beaucoup tes « Roses dans le Rosier » me disait Maillart, dont le goût est un criterium, je les préfère à tes pivoines.

Et moi aussi, mon bon ami, *Concédo.*

Landeau est parti à Londres pour défendre nos intérêts contre le despotisme de M. Dawant, ce n'est pas une raison pour l'oublier dans nos éloges.

A. Kreyder a reçu tous les compliments, nous ne pouvons que les lui renouveler, M. Lechat a quelque parenté de vision avec M. Lecreux. M. Lecreux a quelque parenté de vision avec M. Lechat. Vision qui ne manque ni de délicatesse, ni d'originalité (dans les gris et les éclairements à contre-jour)

Mme Marie Lemaire, tout comme Mme Madeleine, attaque vigoureusement ses aquarelles, elle obtient une puissante couleur et un effet bien amené.

Mme Faux-Froidure est d'une surprenante habilité, je ne sais quel plumitif a contesté son talent pour se singulariser, le même goûtait fort les fleurs, en légumes taillés exposés, par les impressionnistes effarés à la cuisine où Cézane fut chef.

Qu'on pense mon contemporain Georges Jeannin, sans cesse en éveil vers le progrès, et qui nous régale de si caractéristiques « Roses », puis d'un groupe de « Coquelicots » dont la couronne rouge vibre si harmonieusement autour de ces jumeaux blancs, à peine jaune ; et ces jumeaux mauve, si délicatement clairs ? Ce beau cadre a trouvé de suite acquéreur, je comprends ce Mécène !

Mlle Bon, dans une ambiance très verte, a fort bien poché « les Boules de Neige et les Renoncules sur la pelouse ».

M. Magne nous revient (s'étant abstenu à l'automne), toujours maître de sa brillante palette.

A. Cesbron, habile décorateur, a su jouir des tons de si amusant rapprochement, dans les faux-ébéniors à grappes jaune citron, et du vert un tantinet acide de leurs feuillages. Les pivoines gênent les faux-ébéniers ; les Roses jaunes (toutes seules) donnent au n° 79 une réussite complète.

A côté de « Pensées » d'un velouté plein de caresses, notre Président, M. Claude, ne dédaigne pas de rendre les tons chauds et de sombre harmonie des « Pommes cuites » A moi la pomme pourrait-il s'écrier ! Celle qui fut donnée à Vénus pour sa nudité triomphante... n'était pas cuite ; mais celles qu'on jeta cruellement à Mademoiselle *M'as-tu-vue*, qui avait gardé ses bas aux Bouffes-la-Gaillarde, étaient blettes !

HABERT.

Informations

Société Nationale des Beaux-Arts. — L'assemblée générale de la Société a procédé à l'élection de ses nouveaux membres sociétaires et associés sous la présidence de M. Roll.

Ont été élus sociétaires :

A la section de peinture : Abbey, Bernard Boutet de Monvel, Friesecke, Guirand de Scévola, Luigini, Joseph Pinchon, Rusinol. A la section de sculpture : Corau, Lagare, Emile Pinchon. A la section d'art décoratif et arts appliqués : Raymond Bigot, Dunand, Lenoble, Edouard Monod, Péjac.

Associés. — A la section de peinture : Antoni, Ballot, José Belon, Bernard-Ostermann, Bussy, Crébassa, Mlle Crépin, Henry Gsell, Jefferys, Camille Lambert, Le Petit, Henri Marret, Migonney, Popesco, Tête. A la section de sculpture : Augst, P. Besnard, de Cedercreutz, de Chalembert, Clara. A la section de gravure : Bugnicourt Le Meilleur, Le Riche, Minartz, Pinard, Mme Renoult-Malo. A la section d'architecture : Périllard Stable. A la section d'art décoratif et arts appliqués : Farmakowski, Mlle Germain, Genilloud, Hellé, Laugier, Lecourt, Mlle Morice, Waldraff.

—o—

Salon des artistes Français. — Après examen des envois des 50 candidats, la prime annuelle d'encouragement de 300 francs instituée par la Société *d'Encouragement à l'Art et à l'Industrie* en faveur d'un artiste âgé de moins de 32 ans ayant exposé un objet d'usage courant au *Salon de la Société des Artistes français* a été attribuée à M. Albert Cheuret (modèles d'orfèvrerie).

Une prime supplémentaire de 100 francs a en outre été remise à M. Georges Bastard (éventails et objets en corne).

Trois mentions ont été décernées à : M. Edouard Levard (modèle de typographie) ; Mlle Marguerite Gabriël-Claude (cours d'art), et Mlle Marthe Oudoyer (broderie).

—o—

A l'Institut. — L'Académie des beaux-arts, dans sa dernière séance que présidait le maître L.-O. Merson a décerné les récompenses suivantes :

Prix Duc, de 3.700 francs, destiné à favoriser les hautes études d'architecture, à M. Deverin pour les dessins qu'il a exposés au Salon, *l'Eglise d'Oiron* et *les Remparts de Thouars.*

Prix Bordin, de 3.000 francs, qui n'avait pas été décerné, est partagé entre M. Hofbauer, pour ses illustrations du *Forum romain* ; l'abbé Thédenat, membre de l'Institut, et MM. Baudot et Perrault Dabot, pour leur ouvrage *les Cathédrales de France.*

Prix Bailly, de 1.500 fr. attribué à M. Camille Eulart, pour son manuel d'archéologie.

Le prix de la Société de gravure, de 1400 francs est accordé à M. Quidor, ancien prix de Rome, pour sa gravure du *Portrait de femme* d'Holbein.

—o—

Le jugement sur le dix-huitième concours de composition décorative (organisé par la Société d'encouragement à l'art et à l'industrie) a été rendu à l'Ecole des Beaux-Arts ; les prix, d'une valeur totale de 2.000 francs, ont été ainsi attribués : 1er prix (500 fr.), Mlle Oudoyer (Ecole des beaux-arts de Tours) ; 2e (400 francs), M. Léon Paul (Ecoles des arts décoratifs de Paris) ; 3e (300 francs) M. Maurice Quenioux (Ecole des arts décoratifs de Paris) ; 4e (200 francs), M. Pierre Renaud (Ecole des beaux-arts de Lyon) ; 5e (120 francs), M. Raphaël Mignard (Ecole des Arts décoratifs de Paris) ; 6e (100 francs) ; M. Granger (Ecole des beaux-arts de Lyon) ; 7e (100 francs), M. Henri Perillon (Ecole des arts décoratifs de Paris) ; 8e (100 francs), M. Henri Lemmer (Ecole des arts décoratifs de Paris) ; 9e (100 francs), M. Maurice Thorel (Ecole des arts décoratifs de Paris) ; 10e (80 francs), M. Eugène Doucet (Ecole Bernard Palissy).

Des mentions ont été également attribuées à MM. Datrue (Ecole des beaux-arts de Lyon) ; Robert Vallois (Ecole Germain-Pilon) ; Lucien Lebossé (Ecole Boulle) ; Albert Martine (Ecole des arts décoratifs de Paris).

—o—

Concours de maquettes théâtrales. — Par décision du jury, la prime de cinq cents francs donnée par l'Opéra pour un décor de « Samson et Dalila » a été décernée à l'unanimité à M. Fernand Guillou. Deux mentions ont été en outre accordées à MM. Charles Roger et Canet.

—o—

Architectes diplômés. — Les architectes dont les noms suivent après avoir subi les épreuves spéciales ont été nommé *architectes diplômés par le gouvernement.*

MM. Parenty, Fiquet, Dubost, Planche, Warcollier, Werner, Deville, Berty, Pfeiffer, Huet, Moore, Brayer, Bonnemaison, Brot Braive, Houssin, Durandeau, Huguenin, Mohier, Dancry, Bertolini, Aubrée, Debrouwer, Lalanne, Peadoby, Muzard, Bignaud, Le Guen, Nouveau, Brannarius Lecocq, Jacquelin, Richer, Béraud, Imandt, Niederman, Tulasne, Boitel et Schneider.

—o—

Le *Cercle International des arts*, 97, boulevard Raspail, annonce pour octobre prochain une exposition des peintres, sculpteurs et graveurs de l'enfance.

De nombreux artistes prendront part à cette importante manifestation d'art organisée au bénéfice d'une œuvre de l'Enfance.

—o—

Monuments. — Le monument élevé à la mémoire du peintre paysagiste Paul Huet, dans le parc de Saint-Cloud, a été inauguré par M. Dujardin-Beaumetz, dimanche dernier.

Aujourd'hui à 2 heures a lieu à l'école Sainte-Geneviève (18 rue Lhomond) l'inauguration du monument élevé par les anciens élèves à la mémoire du Père Cosson, leur vieux professeur.

Ce monument est l'œuvre du sculpteur Baffier, le monument à Paul Huet est du statuaire Armand Bloch.

—o—

A la liste des titulaires des bourses de voyage que nous donnons d'autre part, ajoutons le nom de M. Fernand Janin, qui a obtenu une des deux bourses de la section d'architecture pour son *Etude sur l'Eglise de Saint-Gilles (Gard)* et *Rome et Pompéï*, composition d'après les fragments antiques.

—o—

L'Art et les Artistes. — (Directeur fondateur Armand Dayot) Cette superbe revue d'art ancien et moderne dont l'éloge n'est plus à faire auprès des amateurs, se présente aujourd'hui avec un numéro particulièrement intéressant et varié.

M. Léonce Bénédite, Conservateur du Musée du Luxembourg parle de l'exposition des Dessins et Eaux-Fortes de Rembrandt à la Bibliothèque Nationale. M. Léandre Vaillat analyse l'œuvre d'incolante de Gaston La Touche dont le public peut visiter l'ensemble imposant aux Galeries Georges Petit. Un article de M. Rudolf Meyer sur le délicat humoriste allemand Wilhelm Busch, semé d'hilarants dessins fait le plus heureux contraste avec la sobre et sérieuse étude que M. Jean Vignaud consacre à notre grand sculpteur sur bois, l'intense et réfléchi Georges Lacombe.

Ornements de ce fascicule : le Torse de la Vénus de Syracuse (rubrique des grands chefs-d'œuvre) avec quelques lignes vibrantes de Maupassant, et un délicieux hors texte en couleurs de La Touche : Le Baise-Mains, en complètent l'impression luxueuse et belle.

—o—

Nécrologie. — Nous apprenons la mort de Mme Sain, la mère du maître paysagiste Paul Sain, récemment décédé. Elle vient de succomber à l'âge de soixante-quatorze ans, à une embolie foudroyante. Les obsèques ont eu lieu à Avignon, sa ville natale.

LE
Prix National et les Bourses de Voyage

Le conseil supérieur des beaux-arts s'est réuni au Grand Palais, pour procéder à l'attribution du Prix National et des Bourses de voyage aux artistes des deux Salons.

Le Prix National (d'une valeur de dix mille francs) a été attribué à un sculpteur, M. Auguste Corun, né à Paris, auteur d'une statue de bois, *Le Nid*, qui figure au Salon de la Société Nationale des Beaux-Arts.

Cette statue que l'on peut voir dans la rotonde, est d'ailleurs, une œuvre remarquable. C'est une «maternité» d'un très grand caractère de simplicité et de vérité: une femme assise contemple son enfant au couché sur ses genoux.

Les dimensions de l'œuvre relativement importantes pour une sculpture sur bois, ajouté à l'intérêt de ce morceau superbe: on ne peut qu'approuver la décision du Conseil.

LES BOURSES DE VOYAGE

Tous les concurrents qui ont obtenu ces bourses appartiennent à la Société des Artistes français; d'une valeur de quatre mille francs chacune, elles ont été ainsi réparties:

Peinture

Mlle Henriette Desportes, auteur d'une scène de genre en Hollande: *Quand ils ne sont plus en mer*;

M. Anthony Troncet, auteur d'un portrait d'homme et d'un portrait de femme;

M. André Marchand, auteur de *Le Gué* e *l'Étable*.

Sculpture

M. Jean-Marie Camus, auteur de deux groupes de marbre: *Byblis pleure* et *Rêves dans les bois*;

M. René Quillivic, auteur d'une statue de bronze, *Brodeuse de Pont-l'Abbé*, et d'un groupe de plâtre, *Biniou de Pont-l'Abbé*.

M. Henri-Charles Pourquet, auteur d'un haut-relief de plâtre, *Douleur*, et d'une statue de plâtre, *Ivresse printanière*.

Architecture

M. Carl Imandt, auteur d'un projet de théâtre municipal pour la ville de Lille.

Gravure

Mme Jeanne Destailleur Sevrin, auteur d'une eau-forte, *Portrait de Philippe Le Roy*, d'après Van Dyck.

Art décoratif

M. Decorchemont, auteur d'objets en pâte de verre.

La prochaine séance du conseil supérieur des beaux-arts sera consacrée à l'attribution d' «encouragements» de mille et de cinq cents francs.

LIÉGE. — PALAIS DES BEAUX-ARTS
Exposition d'Art appliqué & de Peinture

En rendant hommage au zèle, à l'activité, aux bonnes intentions des deux Comités organisateurs de cette double manifestation, il nous est impossible de ne pas noter l'impression profonde de froideur, le sentiment général de malaise qui se dégagent de ces salles éperdues.

Vainement nous avons cherché à nous mettre dans l'atmosphère de ce milieu, à nous convaincre qu'une idée primordiale ou un principe d'esthétique quelconque aurait présidé à son organisation: nous en sommes revenus ni moins bon, ni pire, presque indifférents.

Toutefois il serait injuste de méconnaître, surtout dans la section d'art appliqué, les efforts sérieux réalisés par les architectes, les peintres, les sculpteurs, les graveurs, les décorateurs et les ouvriers d'ameublement. Il y a là de nombreuses réalisations d'intérieur dignes de l'attention des amateurs et curieux d'art.

Quant à la section de peinture à côté d'œuvres très rares hélas! — d'une valeur indiscutable, il en est qui hurlent leur défi au bon sens, comme au bon goût: telles la plupart des élucubrations que trois frères Siamois de l'école indépendante ont envoyées ici. Nous ne nous y arrêterons pas davantage et parcourerons rapidement les Salons en suivant l'ordre indiqué par le catalogue.

Caro-Delvaille Henri expose une étude de noir et de rose: *Enid* et le *Paon blanc*, une esquisse, qui ne répondent pas ici à la réputation acquise par cet artiste et que nous ont apportée les échos des dernières expositions parisiennes.

Cerf Iwas., un jeune, très travailleur et je crois très convaincu, cherchant sa voie que des vues de Bruges semblent avantageusement annoncer

Mme Dupont, dont l'envoi dénote une âme sensitive et chercheuse; *Victor Eihoul*, moins heureux que d'habitude dans le *Passage de la Meuse à Dordrecht*; *Richard Heintz* à qui d'excellents conseils vaudraient mieux que les flagorneries auxquelles il se laisse prendre; une nature telle que la sienne ne devrait pas se contenter d'à peu près: *Jamar Armand* qui a le plus grand tort, à notre avis, de s'adonner au portrait. Certes il y a là une mine de rapport, mais l'art n'est pas que cela. Quant à ses paysages, il nous faut bien reconnaître avec tout le monde que l'artiste n'est pas en progrès: sa *Chapelle de Chauveheid* est chauve de toute vérité, chauve de toute émotion, chauve par conséquent de tout art. C'est une revanche à prendre.

Laermans Eug., un de nos grands artistes dont l'œuvre tristement belle, est faite d'impression juste et de notation désolée.

Ménard René, n° 156 « Matin en mer », d'une tonalité remarquable mais c'est le cas de chanter: « Maman, les p'tits bateaux, qui vont sur l'eau, ont-ils des jambes? »

Mme Marguerite Radoux, « La Joie! » Solide composition dans laquelle la joie ne s'explique guère sous ce ciel tragique... Quant à l'enfant, oh! ces pieds!!!

Simon Lucien, connu des artistes liégeois par le bruit fait autour de l'achat de ses œuvres pour leur Musée... Et dire que pas un ne s'est aperçu peut-être de l'affinité qui existe entre ce peintre français et notre grand Philippet avec cette différence que celui-ci est plus clair, plus lumineux et, disons le mot, plus gai.

Van den Eeckoudt, de Bruxelles, expose la meilleure toile du Salon: *Au Jardin* est en effet une œuvre sincère, vécue dans sa matérialité et ses sentiments. Le gouvernement belge a fait sagement d'acquérir cette toile pour le Musée Moderne.

Tel est, à peu de chose près, ce qui mérite de retenir l'attention. Certes nous avons pu omettre quelques noms notoires: si cela est, qu'ils s'en prennent à eux-mêmes et non à nous dont l'unique souci est de noter ce que nous voyons et de penser ce que nous avons à dire.

J. S.

COURRIER DES DÉPARTEMENTS

AVIGNON. — Nous sommes très mal placés pour répondre aux différentes demandes qui nous ont été adressées relativement à l'Exposition de la Société Vauclusienne des Amis des Arts, à Avignon, annoncée en principe pour septembre prochain.

N'ayant pas été informés officiellement de la durée exacte, pas plus que de la date d'ouverture de cette nouvelle Exposition, il ne nous est pas possible de dire:

1° Si elle sera exclusivement réservée aux seuls artistes de la Société;

2° S'il y aura un jury d'admission;

3° Si des récompenses seront attribuées;

4° Si elle se tiendra au Palais des Papes ou dans le hall de la Mairie...

Dès que nous sera parvenu le règlement de cette exposition « La Revue des Beaux-Arts » fidèle à ses traditions, le publiera intégralement.

—o—

TOULOUSE — L'exposition Internationale des Beaux-Arts annexée à l'Exposition Industrielle de cette ville est, en ce moment, l'objet de quelques commentaires, par le fait d'un manque absolu d'organisation; cette exposition, disent les méchantes langues, va un peu comme les affaires de la ville, cahin-caha.

Beaucoup d'artistes, attendu que l'exposition *devait être accessible à tous*, avaient envoyé leurs œuvres avant la date réglementaire fixée par les statuts, et, par cela même, pensaient qu'il leur serait accordé sinon l'honneur de la cimaise, du moins une petite place dans la section de peinture.

Aussi, quelle n'a pas été la déception de plusieurs d'entre eux, de voir revenir leurs toiles, sans aucun avis que celui de la note à payer au chemin de fer!

Il y a une très grave faute d'organisation: du moment que le Comité ne pouvait pas recevoir tous les envois « faute de place » (c'est la formule habituelle), il devait au moins, par un avis individuel, en informer les artistes, nos amis.

» Ernest des ANGLES.

—o—

CALAIS. — MONTPELLIER. — BERGERAC. — Nous sommes également sans nouvelles de ces expositions, en dépit de nos demandes d'informations réitérées. L'exposition de Calais, ouverte en principe fin avril, nous avisait récemment qu'elle ne possédait pas encore de catalogue pour la section des Beaux-Arts...

Quant à Montpellier, cette ville est coutumière du fait, elle possède une singulière administration qui a toujours laissé sans réponse les demandes d'information, nous touchons là à cette partie du Midi qui se suffit à elle-même, nos lecteurs voudront bien nous excuser.

—o—

GRENOBLE. — Notre correspondant nous écrit:

La « Société Dauphinoise », dont vous avez parlé sur la foi des « communiqués », n'est autre qu'une petite chapelle organisée *contre* les artistes locaux par des peintres étrangers à la région. On ne compte guère, parmi ceux-là, que des champions du genre pseudo-impressionniste; l'instigateur de l'affaire a sollicité la présidence d'honneur de M. Rodin un coup de maître, évidemment — puis il a réuni quelques extravagants de l'art qui n'ont jamais rien dessiné. Toutefois, s'il faut en croire les bruits circulant ici, Claudius Denis, Girardot, Hurtin, Grange, Fillard, Jacques Martin, l'abbé Calès, François Guiguet encadreront de singulières choses.

En résumé, à part une demi-douzaine d'artistes de talent, la « Société dauphinoise » sera exclusivement composée d'artistes étrangers à la région, ce singulier procédé est à signaler.

—o—

CHARLEVILLE. — On projette à Charleville la création d'un « Musée ardennais » qui réunit de nombreux suffrages. Cette région a d'ailleurs occupé une place très honorable dans les arts: à côté des Philippoteaux, des Dupré, les noms de Place-Canton, Charlotte Chonchet, Thierry, Gondreson, Martougen, Clarin, Vincendon, Noël, sont à retenir.

L'œuvre des Delloye et des Croisy, d'autre part, est continuée aujourd'hui par Alphonse Colle et par Vessiaux.

La caricature française compte parmi ses maîtres deux Ardennais, Georges Delaw, ce poète délicat, et Jules Dépaquit, ce créateur d'un genre qui n'appartient qu'à lui.

Enfin, l'art décoratif, la gravure et l'architecture comptent aussi dans les Ardennes des représentants qui tiennent un bon rang à côté de ces grands confrères.

Il faut donc féliciter les Francs-Gallois de cette heureuse idée d'organiser, dans un Musée ardennais, une exposition permanente des peintres, sculpteurs, dessinateurs, graveurs et architectes de la région.

Pour tous renseignements s'adresser à la « Dépêche des Ardennes », à Charleville.

EXPOSITIONS A VISITER

PARIS

PARIS. — Salon des Artistes Français, Grand Palais des Champs Elysées, jusqu'au 30 juin.

PARIS. — Société Nationale des Beaux-Arts. Salon de 1908, jusqu'au 30 juin.

PARIS. — Exposition des arts de la mer (peintres de marines) à la terrasse des Tuileries, jusqu'au 3 juillet.

FONTAINEBLEAU. — Au Monastère de Barbizon, exposition Pierre Thorel.

PARIS. — Coopérative artistique, 3, rue Laffite. Exposition permanente d'œuvres modernes.

PARIS. — Exposition rétrospective à Bagatelle organisée par la Société Nationale des Beaux-Arts.

BAGATELLE. — Exposition au Polo d'artistes modernes, jusqu'au 25 juin.

PARIS. — Galerie Sedelmeyer, 4 bis, rue de la Rochefoucault, exposition de « Cinquante chefs-d'œuvre de maîtres anglais » organisée par l'Orphelinat des Arts, jusqu'au 21 juin.

PARIS. — Exposition Gaston Latouche, chez Georges Petit, 8, rue de Sèze.

PARIS. — Exposition Humphrey Moore, jusqu'au 27 juin, Galerie des Artistes Modernes, 19, rue Caumartin.

PARIS. — A la Bibliothèque Nationale. Exposition de l'œuvre gravé de Rembrandt, jusqu'au 30 juin.

PARIS. Musée Galliéra, exposition de la Parure.

PARIS. — Au musée des Arts Décoratifs, exposition de l'art théâtral organisée par l'Union centrale des Arts décoratifs, jusqu'au 15 octobre.

PARIS. — Galeries Allard, 20, boulevard des Capucines, tableaux et dessins de J.-S. Kever, jusqu'au 30 juin.

PARIS. — Galeries Graves, rue Caumartin, exposition du peintre anglais V. de Ville, jusqu'au 27 juin.

PARIS. — Galerie Félix Cavaroc, 10, rue de la Paix, exposition permanente de marbres statuaires d'artistes contemporains.

VERSAILLES. — 55° Exposition de la Société des « Amis des Arts de Seine-et-Oise », jusqu'au 5 juillet.

PONTOISE. — Exposition de la Société artistique, à l'Hôtel-de-Ville, jusqu'au 30 juin.

DEPARTEMENTS

BEAUVAIS. — Société des Amis des Arts de l'Oise, Exposition des Beaux-Arts jusqu'au 20 juillet.

SENS. — Exposition des Beaux-Arts du 20 au 30 juin.

NANCY. — Exposition annuelle de la Société lorraine des Amis des Arts, jusqu'au 26 juillet.

DIJON. — Société des Amis des Arts de la Côte-d'Or. Exposition des Beaux-Arts, jusqu'au 15 juillet.

BERGERAC. — Exposition internationale, jusqu'au 5 juillet, avec section des beaux-arts.

MONTPELLIER. — 21° Exposition de la Société Artistique de l'Hérault.

CALAIS. — Exposition Internationale avec section de Beaux-Arts jusqu'en octobre.

TOULOUSE. — Exposition internationale de mai à septembre, section de beaux-arts.

AMIENS. — Exposition triennale des Beaux-Arts, jusqu'au 6 juillet.

ÉTRANGER

MUNICH. — Au Palais de Cristal, l'Association générale des Artistes allemands, jusqu'au 15 juillet.

LONDRES. — Exposition Franco-Anglaise, de mai à novembre 1908.

TURIN. — Société promotrice des beaux-arts, 2e exposition quadriennale, en 1908, jusqu'au 30 juin.

PITTSBURG. — Institut Carnegie, exposition internationale de peinture et sculpture, jusqu'au 30 juin.

FLORENCE. — Troisième exposition des beaux-arts des Artistes Italiens, jusqu'au 30 juin.

BADEN-BADEN. — Exposition annuelle des Beaux-Arts, au *Badener-Salon*, jusqu'au 30 Novembre.

EXPOSITIONS PROCHAINES

PARIS

PARIS. — Salon d'Automne, au Grand Palais, du 1er au 30 octobre. Dépôt des œuvres : peinture, gravure, dessin, les 7, 8 et 9 septembre ; sculpture et objets d'art, les 10 et 11 septembre. S'adresser au Grand-Palais, porte C.

PARIS. — Grand Palais des Champs-Elysées, Salon du Mobilier, de juillet à octobre (section des beaux-arts). S'adresser à M. H. Pairault, 3, passage Nollet, à Paris.

PARIS. — Concours d'affiches organisé par la Société des Petits Fabricants. Pour renseignements, s'adresser au siège social, 187, rue du Temple.

MELUN. — Société des Amis des Arts, Exposition annuelle du 8 au 26 juillet.

DÉPARTEMENTS

EPINAL. — Exposition de la Société Vosgienne d'Art, du 12 juillet au 30 août.

AUXERRE. — Exposition des Beaux-Arts, du 12 juillet au 31 août 1908. Dépôt des œuvres à Paris chez M. Robinot (50, rue Vaneau), du 9 au 16 juin. Envois directs jusqu'au 5 juillet, dernier délai.

Voir le règlement dans notre numéro du 31 mai.

BAYONNE. — Exposition de la Société des Amis des Arts de Bayonne-Biarritz, du 25 août au 25 septembre. Dépôt des œuvres chez M. Robinot 50, rue Vaneau à Paris, jusqu'au 15 juillet.

Voir le Règlement dans notre n° du 24 mai.

TOULON. — Exposition des Amis des Arts, en avril 1909. Pour tous renseignements, s'adresser à M. Gabriel Drageon, secrétaire-général, 6, rue Picot, à Toulon.

BREST. — Société des Amis des Arts (salles du musée de peinture), Exposition artistique, du 10 juillet au 10 au 10 août. Voir le Règlement dans notre numéro du 24 mai.

NANCY. — Exposition internationale en 1909. Voir le règlement dans nos numéros du 15 décembre et du 26 janvier.

EVREUX. — Société des Amis des Arts de l'Eure, exposition de peinture du 12 Juillet au 16 Août. Dépôt des œuvres à Paris, 15 au 20 juin, chez M. Navez, 17, rue de Maistre ; envois directs à Evreux, rue Victor Hugo avant le 25 juin.

Voir le règlement dans notre n° du 1er Mars.

CHARLEVILLE. — Union artistique des Ardennes. Exposition du 28 juin au 25 juillet. Envoi des notices avant le 15 mai. Voir le règlement dans notre numéro du 19 avril.

GRENOBLE. — Société dauphinoise des Beaux-Arts, première Exposition au Palais de l'Industrie, avec exposition rétrospective de l'œuvre de F. Ravier.

THÉATRES

COMÉDIE FRANÇAISE. — *Amoureuse*, comédie en 3 actes de Georges de Porto Riche.

Représenté pour la première fois sur notre seconde scène française voici quelque 17 années, consacré dans la suite par d'éclatants succès au Vaudeville et à la Renaissance, le chef d'œuvre de Porto-Riche vient de retrouver les mêmes acclamations à la Comédie Française.

Le sujet d'*Amoureuse* est encore présent à toutes les mémoires, c'est l'histoire très simple d'un ménage mal assorti : l'épouse est d'un tempérament trop ardent, trop vibrant, sa passion excessive lasse son mari, celui-ci s'avisant après quelques années de mariage que l'amour mène à tout à condition d'en sortir. La jeune femme par dépit cherche vengeance dans la trahison, et sitôt la faute consommée — dans la crainte peut on croire de la fâcheuse lettre anonyme — elle s'empresse de tout avouer à son époux. C'est évidemment commettre faute sur faute ?

Pourtant le mari pardonne, il oubliera peut-être et tentera de réédifier son bonheur sur des bases nouvelles.

Ces 3 actes parurent d'une grande hardiesse à la création, ils sont maintenant tout-à-fait au ton du jour. Et représentés selon le désir de l'auteur dans le texte original, c'est-à-dire sans retouche ni aucun remaniement, ils restent encore comme un modèle de belle langue française.

L'interprétation a magnifiquement contribuée à l'éclat de la soirée, et l'on a surtout acclamé Mlle Marie Leconte qui reprenait le rôle de l'amoureuse ; la charmante comédienne y fut délicieuse de jeunesse, superbe de passion emportée et de douleur.

M. Grand a rendu avec une sûreté et une autorité supérieures, le rôle du mari. M. Duflos a tracé avec finesse la physionomie de l'ami Pascal et les autres personnages sont tenus avec beaucoup de soin par Mmes Devoyod, Provost et Francine Clary.

* *

ATHÉNÉE. — « *Le chant du Cygne* » l'exquise comédie de M. Georges Duval et du délicieux poète Xavier Roux, dont la presse avait signalé le brillant succès, continue d'attirer la foule chaque soir à la bonbonnière de la rue Boudreau.

Combien fine et originale et sentimentale encore est l'aventure de ce vieux marquis de Sambré qui, pour sauver le bonheur de sa fille Simone, n'hésite pas à conquérir le cœur de la madrée Jessy Cordier, pseudo directrice de la Revue le « Foyer Scientifique »

Et avec quelle adroite et piquante fantaisie est traitée la scène de Séduction de l'acte second, ou la somptueuse salle de rédaction de la revue féministe où nous trouvons réunies les affriolantes petites rédactrices scientifiques. Un peu sur les charbons ardents, les pauvres, car le « Foyer » menace de s'éteindre faute de brais » !

Mais aussi quelles rares qualités et quel merveilleux talent M. Huguenet, le futur sociétaire de la Comédie, déploie en cette jolie scène ! Interprété par un si admirable comédien on s'explique fort bien les succès féminins du marquis de Sambré ; quelle élégance, quel chic, quelle allure conquérante. Quelle marche séduisante encore (mais est-il besoin d'insister sur ce qu'il y a d'irrésistible dans la marche de Sambré.....(Meuse ?)

Mademoiselle Duluc dans le rôle de Jessy Cordier — que son nom prédestinait pour tirer les ficelles — obtient chaque soir elle aussi au très légitime succès et les bravos vont de même à la toute mignonne Mlle Grenze, Mlle Prince, rédactrice à la mise *Prince* (1ère), MM. Lefaur, Bénédict et Henri Bosc qui en sa qualité d'escrimeur attaché au « Foyer Scientifique » ne rêve que plaies et.....Bosc.

Georges DRACK

DIMANCHE 28 JUIN 1908.

Le N° 25 Centimes

RÉDACTION : 29, Rue de Paradis, PARIS

Téléphone : 443-60

LA REVUE DES BEAUX-ARTS

Peinture - Sculpture - Architecture
Gravure - Musique

Renseignements Artistiques
Expositions - Concours

ABONNEMENTS (Édition ordinaire 10 fr.
pour la
FRANCE (Édition de luxe 20 fr.

L'édition de luxe contient chaque semaine des reproductions de maîtres, hors texte.

ÉTRANGER : 20 fr. et 80 fr.

Il n'est pas accepté d'abonnements pour une durée moindre d'une année, mais le paiement peut être effectué trimestriellement.

L'abonnement est renouvelé de plein droit, faute de prévenir par lettre avant l'expiration. Les règlements trimestriels doivent être adressés au mandats à l'administration, au cas contraire les frais de recouvrement (50 centimes) sont à la charge de l'abonné. L'abonnement part invariablement des 1er Janvier, 1er Avril, 1er Juillet et 1er Octobre. La Revue ne paraît pas du 15 Août à fin Septembre.

GAZETTE HEBDOMADAIRE
Fondée en 1830

Georges DRACK, Secrétaire

BUREAUX A LONDRES : 100, Piccadilly-W.

HENRY REVERS, Directeur

RÉDACTION : Jeudi et Samedi, 4 h. à 6 h.
SECRÉTARIAT : Lundi et Mercredi 2 à 4 h.

Administrateur, GEORGES RENE

L'IDÉAL NOUVEAU

On parle très sérieusement cette fois de réformer nos méthodes d'enseignement, on s'est aperçu que les cinquante années de patronage artistique exercé par l'État n'ont pas donné tous les résultats qu'on en attendait, et que les anciennes maîtrises d'art, les écoles départementales et les musées locaux répondaient mieux que la centralisation à l'étude et à la vulgarisation.

Deux sociétés se sont formées récemment : la *Société Nationale de l'Art à l'École*, d'une part, l'*Union provinciale des Arts Décoratifs*, d'autre part, dont le but initial est de remplacer l'action de l'État par l'effort individuel uni à l'esprit d'association : — il m'a été donné d'assister aux délibérations de ces intéressants groupements, et c'est du moins l'impression que j'en ai emportée.

La réforme de l'enseignement pratiqué à l'École des Beaux-Arts, et dans les Écoles spéciales de la Ville, a été réclamée par tous les bons esprits, mais ce n'est évidemment pas aux « pouvoirs publics » qu'on pouvait demander de réformer « l'art d'État, » il fallait que l'exemple fut donné par des associations libres.

Le marasme dans lequel végètent actuellement l'art et les artistes provient en premier lieu de la *centralisation*, tant prônée autrefois ; depuis que Paris attire le meilleur et le pis des individualités provinciales, *l'art local* a nécessairement disparu.

Concernant l'École des Beaux-Arts. M. Roty, qui est de l'Institut et qui n'en a pas moins conservé son franc parler, M. Roty nous disait autrefois : « Je voudrais que l'entrée de l'École devint extrêmement difficile, qu'elle fut entourée de conditions décourageantes pour beaucoup de jeunes gens ; ce serait en effet rendre un grand service aux provinces qui en sont venues à considérer l'art comme une carrière, une carrière très bourgeoise que l'on confond souvent avec l'administration.

« L'art n'a jamais fait autant de déclassés. Peut-il en être autrement ? Nos provinciaux perdent à Paris leur temps en flâneries, en discussions stériles : ils n'apprennent dans les ateliers que de vagues formules, et il en est beaucoup, parmi ceux qui ratent le Prix de Rome, qui se font photographes ou placiers : Est-il nécessaire, pour cela, de quitter le sol natal ? »

J'ai démontré déjà, dans une série d'articles, que par suite de l'incurie professionnelle la plupart de nos peintres, de nos sculpteurs ignorent non seulement la technique de leur métier, mais que le souci de la mise en œuvre, de l'emploi des matières leur est devenu tout-à-fait étranger, alors qu'à toutes les belles époques les artistes ne dédaignèrent point les menus travaux appropriés à une destination d'art.

Les peintres, les statuaires d'autrefois, étaient avant tout des orfèvres, et ils savaient construire de leurs mains un bijou, une arme, un meuble.

Si nous en croyons les programmes de la *Société de l'Art à l'École* et de l'*Union provinciale des Arts Décoratifs*, c'est de ce côté que l'esprit de réforme va s'orienter : c'est fort bien, mais encore faut-il que du domaine de la théorie on s'achemine activement vers la pratique.

Les amis de l'enfance veulent l'école saine, aérée, rationnellement construite et meublée, attrayante et ornée ; en un mot : l'éducation du goût par le décor, l'initiation à la beauté des lignes, des couleurs et des formes.

Le programme de l'*Union provinciale des Arts Décoratifs* est un corollaire du précédent puisqu'il vise à rétablir l'unité nationale en suscitant l'individualisme *local*, et de substituer au régime actuel de centralisation l'initiative que l'administration a mise en tutelle.

Nos provinces se sont suffi à elles-mêmes tant qu'elles surent s'imposer la charge de former des corporations : jadis, les municipalités disaient à l'architecte, au sculpteur, au peintre issus de ces collectivités : « Fais ce qui sera le plus digne de la cité », et des palais, des cathédrales s'élevaient.

L'histoire de l'art est tout entière dans les développements successifs de l'élément local, c'est *à l'artisan* que nous devons les vrais chefs-d'œuvre de la menuiserie, de l'orfèvrerie, de la décoration peinte et sculptée, et en considérant les travaux de maints amateurs anonymes du Moyen-Age, nous n'hésitons pas à leur conférer le titre d'artistes, dont se parent aujourd'hui dix mille barbouilleurs inutiles et vains.

Il n'est donc pas téméraire d'affirmer que le salut de l'art et l'avenir matériel de ses artisans sont subordonnés à la création de nouvelles corporations régionales, à une rigoureuse décentralisation, à une entente définitive entre les créateurs-artistes et les industriels locaux. Quelques-unes de nos provinces ont d'ailleurs compris la nécessité de ce retour aux saines traditions, la Lorraine, la Franche-Comté, le Nivernais ont recréé des centres d'art en s'inspirant de leur histoire natale, et l'*Union provinciale des Arts Décoratifs* est naturellement constituée de ces éléments actifs.

Nous aurons à examiner dans nos prochains articles comment cette société va étendre son action, et, concurremment, lutter contre l'inertie actuelle des écoles d'art, des musées et du public.

Henry REVERS.

* *

Je reçois l'avis officiel, après avoir signé cet article, que le 3 août prochain aura lieu, à Londres, sous la présidence d'honneur de S. A. R. le Prince de Galles, un important *Congrès International de l'Enseignement du Dessin*, suivi d'une exposition où 30 nations présenteront les travaux de leurs Écoles d'Art.

Le Ministère de l'Instruction Publique et des Beaux-Arts français y figurera avec les différents enseignements de l'École Nationale des Beaux-Arts, de l'École Nationale des Arts Décoratifs, des Manufactures de Sèvres, des Gobelins, des Écoles départementales d'Art et d'Art appliqué à l'Industrie et de ses établissements universitaires.

MM. Valentino, chef du bureau de l'Enseignement et des Manufactures Nationales, Paul Colin, inspecteur général de l'Enseignement du Dessin, et Paul Steck, inspecteur de l'Enseignement du Dessin et des Musées, sont chargés de représenter le Gouvernement français à cette importante manifestation.

H. R.

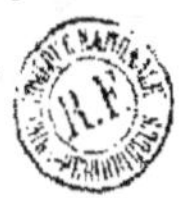

LA SCULPTURE[1]

A LA SOCIÉTÉ DES ARTISTES FRANÇAIS

(Suite)

LES GROUPES

Dans *La folie de l'Abîme*, par M. Jarl, le dessin est habilement combiné dans un sens de déséquilibre et de chute pour suggérer une sensation de vertige.

De M. Raymond Sudre, *Monianvas regaladas* un grand haut-relief, encadré dans un portique architectural très harmonieux ; et le troubadour, qui, isolé, n'aurait été qu'une figure gracieuse, prend de cette disposition une importance mentale et de totalisation de race ; puis un *Fragment de Tombeau*, imposant une idée de paix mélancolique.

Prométhée, de M. Villeneuve, est une effroyable effigie de torture corporelle, dans la beauté de silhouette du vautour aux ailes éployées.

LES FIGURES

Une joliesse un peu précieuse d'églogue moderne parc *Lilia* de Mme Descat.

Une volonté d'exactitude et de force se montre dans le *Jeune homme*, de M. Vik.

Le *Volontaire* et *L'officier de la Première République*, par M. Carillon, sont, selon l'intangible formule, hurlants et forcenés.

M. Ward a fait la statue du *Chef de tribu* africaine, sombre physionomie sauvage, ayant une certaine majesté bestiale ; accroupie, parmi des trophées sinistres, sur une estrade curieusement ornée des sculptures rituelles du pays noir.

D'un dessin moelleux, sans contours durs, sans ombres violentes, l'*Aveugle* de M. Schweitzer témoigne d'une observation attentive et soutenue.

Corps massif, face inanimée de femme de la glèbe, *la Moissonneuse* de M. Nivel se repose en une très juste attitude d'abandon, où se résout tout effort musculaire.

Un intelligent respect de l'habitude corporelle rend intéressant le portrait en pied de *Mme C. C.* par M. Caumont.

La posture du corps, l'expression des traits sont parfaitement adaptées à l'idée qu'avait à exprimer M. Bérengier, dans *Fatalité*.

Un souci d'art se décèle dans la *Chanson du Printemps*, aux lentes courbes mélodiques, par M. Chorel ; *Enfant au Chat*, de M. Mengin ; *Egresius Faber* et *Dignité*, d'une noble sobriété de facture, par M. Perron ; *La Ligne renaissante* dont les souples inflexions présument l'enlacement des tiges, par M. Malacan ; *Enfant à la source*, d'une minutieuse anatomie, par Mlle Isella ; *Monument funéraire*, figure de désespoir, écroulée dans ses voiles au seuil du tombeau, par Mlle Hasse ; *La Résistance*, d'une belle énergie tranquille, par M. Bouval ; *Tout lasse, excepté comprendre*, symbole logiquement écrit, par M. Émile Boyer ; *Premières chimères*, d'une agréable silhouette, par M. Moreau-Sauve.

M. Landowski nous donne, dans l'*Architecture*, une œuvre de pensée très haute. La figure, fruste et lourde, sans type de race ni d'époque, généralise les caractères de force et de stabilité ; la puissante assise de pierre, rectangulaire, symétrique, exprime la matérialité de l'art architectural, suggère sos durées, son universalité.

[1] Voir nos numéros des 14 et 21 Juin.

L'étude pour une scène de la vie villageoise, par M. Bonny, est une solide fille des champs, bien en chair, de santé joyeuse, taillée dans le bois avec une véritable maîtrise de métier.

M. Touetti a vu *Venise* comme un spectre tragique, sous la splendeur d'un lourd manteau d'orfroi.

Dans la statue de *Son Éminence le Cardinal Richard*, par M. Moncel, les lignes trop tumultueuses des vêtements contredisent la majesté sacerdotale du geste bénissant.

La Fleur florentine, par M. Pallez, a la pureté de dessin, la profondeur d'expression d'une figure de Léonard.

Un éloge est dû également à l'*Esclave*, de M. Guérin ; *Le Linceul* macabre formé, déjà exposée en plâtre l'année dernière, par M. Jacopin ; *Idylle d'Octobre*, par M. Poussard ; *Harmonie*, par Mlle Demagnez ; *Étude d'enfant*, par Mlle Segond ; *La Douleur*, de M. Lorenzo Gonzales ; *Gourmande*, de M. Larche ; *Jeune athlète*, inspiré de l'antique, en procurant l'illusion, par M. Larrivé.

LES BUSTES. Le buste officiel de *M. le Président de la République Française*, est l'œuvre de M. Antonin Carlès. M. Carlès a trouvé la meilleure formule du portrait officiel contemporain. Serrant le thème obligatoire des traits, et s'imposant un choix judicieux dans leurs particularités, il a réalisé d'abord l'aspect de la vie, hors lequel l'image humaine est une vaine combinaison de formes. Mais il n'a pas voulu la vie expressive des sentiments, initiatrice à l'intimité ; il l'a, avec une intention marquée, faite extérieure et distante. La fonction, à ses yeux d'artiste, domine l'homme ; et ce portrait, qui est pourtant celui exact de M. Fallières, est surtout le portrait du président de la République. Précis et impersonnel, il est vu déjà dans un plan historique. A peine est-il besoin d'ajouter que la facture, ferme et nuancée, est impeccable.

Le *Portrait de M. le professeur L. Thomot*, membre de l'Académie de médecine, par M. Champeil, est une figure dont le pittoresque irrégulier est décrit avec une insistante passion, comme par un paysagiste.

Selon la structure de physionomie du modèle, le buste de *M. Eugène Bostand*, membre de l'Institut, a été construit par M. Hugues, en un sens expressément décoratif.

M. Alphonse Guilloux a un robuste *Portrait de M. Léon Brière*, ancien directeur du *Journal de Rouen*, et un *Buste de Désiré Martin*, inventeur du frein continu, dont une vie ardente brûle aux prunelles, s'avère aux plans mobiles du visage.

De M. Valgren sont *Rêve*, tête de sainte gothique à l'énigmatique mysticisme ; et une douloureuse figure de *Femme* qui semble s'atténuer et se dissoudre dans l'intensité de la vie intérieure.

Des recherches de vérité physiognomoniques sont évidentes dans le *Portrait du statuaire Just Becquet*, par M. Larthier ; *Portrait de Mme S.*, par M. Saulo ; *Portrait de Mme F.*, par M. Theunissen ; les *Portraits de Mme O. et du docteur C.*, par M. Octobre ; le *Portrait de Mlle J. P.*, par M. Baralis ; le *Portrait de Mlle Piry*, par M. Allar ; le *Portrait de Mlle Germaine Lefort*, par M. Descatoire ; les portraits du *Conseiller d'État Camille Sée*, et du *Compositeur Camille Saint-Saëns*, par M. Marqueste ; le *Portrait de M. Parent de Rosan*, par M. Louis Noël ; le *Portrait de Mme L. D.*, par M. van der Straelten ; le *Portrait du peintre Jean Larouze*, par M. Chorel ; le *Portrait de M. Bernascon*, par M. Alfred Boucher.

Le *Portrait de M. Paul Bignon*, par M. Bénet, a une vie très curieusement circonstanciée par la forme de l'œil et la direction du regard.

M. Auguste Maillard expose les bustes de *M. et Mme John Harjes*, d'une facture souple et variée, exprimant par des moyens différents la solidité de la charpente osseuse, le moelleux des chairs, le flou des chevelures, la clarté limpide des prunelles.

Bien mobile et vibrant, le *Portrait de M. Henri Welschinger, membre de l'Institut*, par M. Muller.

Une réalité de vie, ennoblie par la hautaine perfection du métier requiert dans le *Portrait de M. Bosch de Badalona*, par M. Charpentier.

On peut regarder longuement le portrait pensif et réfléchi de *M. Garipuy, ancien directeur de l'École des Beaux-Arts de Toulouse*, par M. Frédéric Tourte ; le *Portrait* expressivement intime, de M. Marquet ; *Camille Pelletan*, physionomie très complètement déterminée par quelques plans synthétiques, par M. Maurice Favre ; *Colette*, piquante frimousse mignarde comme un saxe, par M. Rozet, *une Calabraise*, type ethnique soigneusement décrit dans ses caractères essentiels ; et *Robert Newmann*, fine tête rêveuse que le dessin blond traduit avec charme, par M. O'Connor ; *Le Portrait de M. le Pasteur Wagner*, par Mlle Janzion, le portrait fortement exprimé de M. *Émile Blémont*, par M. Malric ; le *poète T.*, œuvre d'émotion discrète et prenante, par M. David ; le portrait largement équilibré de Mme *S. G.*, par M. Nussbaum ; le *portrait du peintre Rame*, par M. Haase.

Le *Portrait de Mme Mérillon*, par M. Fontaine, a dans toute sa structure une noblesse de lignes, comme une très précieuse grâce héraldique.

M. Bernstamm a un *Marcellin Berthelot*, ascétique visage totalement spiritualisé ; et un buste de *M. de Mélidor*, d'une spontanéité qui garde les accents si expressifs de la glaise.

Le *Portrait de M. Delcassé*, est selon la manière fougueuse et violente avec laquelle M. Ségoffin a coutume de masser en formes animées la matière.

Des suffrages nombreux vont à l'*Étude de jeune femme* de M. Morice ; aux *Portraits* de M. Leyritz ; au *Portrait d'homme* de M. Jean de Szczepkowski ; *Militia*, de M. Cladel ; *Portrait de M. J. de B.*, par M. da Silva Gouveia ; *Portrait de M. le docteur Laplaigne*, par M. Foerster ; *Portrait de M. van den y Pansas*, par M. Cardonna ; buste d'*Enfant*, par M. Maubert ; le *Petit satyre*, de M. Derré ; le *Portrait de M. Peuch*, par M. Crénier ; *Fleur de printemps*, par M. Lerci ; *Marguerite-Marie*, par M. Delévaque ; *portrait de M. de Saint-Martin*, par M. Saïn ; *portrait de l'auteur*, par M. Guglielmo ; *portrait de Mlle Vellini, de l'Odéon*, par Mlle de Buffou ; *Jeunesse* par Mlle Cabane ; *Tête d'expression* par M. Coutin.

Mlle Mitchell a fait de sa tête de vieillard une étude d'un naturalisme très poussé.

Un très savant métier se dissimule sous la liberté d'exécution du buste en bronze de M. Eldh.

Une imperceptible tendance de stylisation rend fort décoratif le buste de *Rose C.*, par M. Oury.

Le *Garibaldi* de M. Mathurin Moreau, construit par grandes lignes, se place dans l'atmosphère en une harmonieuse majesté architecturale.

C'est d'une ressemblance mentale profondément cherchée que témoigne le *portrait de A. Gautherin*, par M. Loiseau-Bailly.

Par un judicieux stratagème de mouvement dans les plis de draperie, dans les masses des cheveux, M. Ernest Dubois a attesté l'animation spirituelle du *portrait de Mme E. W.*

LÉON DE SAINT-VALÉRY.

(A Suivre)

Gaston La Touche

Voici les treilles que cintre
Ce beau peintre,
Au-dessus d'aimables fronts ;
Voici du rêve et des fêtes...

scande le beau poète rimeur de vers libres, Edmond Rostand, pour le très fantaisiste artiste libéré de toutes les traditions étroites, de toutes les contraintes imposées par l'Ecole, (dont on médit plus qu'il ne convient) et que M. Gaston La Touche ne tient probablement pas en souverain mépris, car s'il a fréquenté — depuis sa majorité et son émancipation conquise par les médailles au Salon — les parcs ombreux et les buissons fleuris, ce n'est pas à l'école buissonnière qu'il a appris le beau dessin dont il équilibre ses Cydalises romanesques, ses déesses de mondanité ; avec lui tous les personnages de la Comédie humaine s'attardent à l'épithalame, descendants modernisés, « bergamasques, près des vasques » de Watteau, de Pater, de Frago, la tête pleine des rimes capricieuses de Verlaine, des rimes fantasques de Banville, cet héroïque et lyrique barde du Baiser.

Les baisers sont des papillons
Qui s'enivrent aux seins des femmes...

G. La Touche, éminemment sensitif et influençable. (Besnard l'a précédé. Dufau l'a suivi peut-être ?) a cherché et trouvé sa triomphale originalité dans l'expression suggestive des formes soupçonnées, mais non accusées, par la pondération de lumières et d'ombres alternées dans une proportion choisie par ses préférences visuelles.

Ces effets réflexes, qui noient les contours d'un corps tout en en conservant l'expression et l'ensemble, donnent une saveur, un moelleux, une vibration de caresse qui se prêtent merveilleusement à l'expression des gestes de volupté.

Sans s'emberlucoquer longtemps d'un système ou d'une formule, La Touche, qui a fréquenté les Musées d'Europe, sait en sortir et promener son caprice et sa rêverie dans la Nature où bruissent les sources de toute inspiration féconde. Son goût imprègne les êtres et les choses de subtiles attitudes, de suprêmes coquetteries, que ce soit dans des intérieurs stylés et riches, ou dans des paysages que Lenôtre a retouchés. Sa palette, où les tons frais des lapis et des turquoises sont ménagés, mais où le coloriste prodigue les tons chauds et brillants des grenats, des rubis sa palette se complait au charme des déclins, aux ensoleillements d'adieux des soirs d'automne. Et ces mélancolies, il les met en contraste inattendu avec la jeunesse des époux-amants dont le corps se délecte tandis que l'âme se grise d'une lumière où l'or et la pourpre mêlent leurs tons ardents, dans l'atmosphère où flottent les mystères de l'amour et le parfum des dernières fleurs.

Tous les lecteurs de la *Revue des Beaux-Arts* iront chez G. Petit voir cette belle manifestation d'art et de poésie, il serait vain de prétendre les y conduire par une critique détaillée, ou d'apprécier ces esquisses qui sont pour la plupart des résonances harmoniques sagement mesurées, alternativement claires, nacrées, dans les grandes pages décoratives et parfois assombries dans les intérieurs, c'est-à-dire toujours très adéquates aux sujets.

HABERT.

ECHOS

L'Anatomie dans l'art. — On nous dit qu'au récent concours de chirurgie destiné à fournir des praticiens à nos hôpitaux, cinq candidats sur huit, tous prosecteurs d'anatomie à la Faculté, ont été incapables d'exécuter correctement sur un cadavre, devant le jury, l'opération classique et très simple de la résection de l'épaule.

Or, plusieurs d'entre eux ont été déclarés admissibles aux épreuves définitives et deviendront un jour professeurs de faculté !

Ceci n'est pas rassurant pour la génération d'artistes que prépare l'Ecole des Beaux-Arts.

Ceux qui ont eu la chance de suivre les cours de Mathias Duval et de son prosecteur Cuyer se rappelleront le grand sentiment d'art qu'ils apportaient, tous deux, dans leur œuvre de vulgarisation.

Il en est malheureusement de l'anatomie comme de la perspective, les sciences exactes ne sont pas ce qu'on prise le plus en notre temps « d'arrivisme » forcené, les élèves boudent et les professeurs deviennent rares. N'empêche qu'on n'a jamais tant peint le nu — mais quel nu !

—o—

Les artistes-négociants. — Parmi les œuvres de Perronneau exposées à la récente exposition des « Cent Pastels », un *portrait du dessinateur* Thomas Desfriches nous a remis en mémoire quelques particularités de la vie de cet artiste oublié.

La vente de son atelier remonte d'ailleurs à 1834, elle fut faite à cette époque par les soins de sa fille, Mme de Limay, et le pastel de Perronneau fait partie aujourd'hui de la collection de M. Ratouis de Limay.

Mais Desfriches appartient au siècle précédent. Elève de Natoire, qui tenait à la fois atelier et salon, il dirigea un cours de dessin où Langrenée et Vien professaient ; Silvestre, Chardin, Hallé, Cochin, Robert, Joseph Vernet et Watelet étaient également de la maison.

Rappelé auprès de ses parents qui tenaient à Orléans un commerce de vins, Desfriches accepta bravement leur succession, tout en restant en relations avec les artistes de Paris ; et c'est ainsi qu'en 1760, Joseph Vernet lui ayant envoyé un petit tableau de sa main, Desfriches répondit par un don de deux pièces de vin.

— « C'est donc pour égayer votre cabinet, écrivait à ce propos le bon Joseph, que vous avez placé mon tableau auprès des Paul Potter, des Van de Velde et des Ruysdaël, où il doit jouer le rôle de paillasse ? Sans mon amour-propre qui tourne tout en bien, j'aurais pris ce que vous me dites pour un persiflage ; mais deux pièces de vin, de votre vin, de 240 bouteilles chaque, ce n'est pas un persiflage... »

L'ART DÉCORATIF

XXII

Pour trouver des solutions pratiques à cette situation économique néfastement imposée à tous les auteurs-artistes, il serait bon de ne pas se perdre dans les questions de détail, il faudrait envisager dans leur ensemble les droits légitimes de tous les créateurs d'œuvres d'art, à quelque branche qu'ils appartiennent. Ce que l'on fait fort rarement.

Tel se passionne pour les littérateurs, tel autre pour les peintres et les statuaires, sans se soucier que la propriété littéraire et artistique est actuellement régie par une seule et même loi. Certains s'intéressent à percevoir des droits d'auteurs sur les ventes et reventes successives des œuvres originales, d'autres se passionnent pour assurer à l'auteur un droit sur les reproductions de son œuvre.

Aussi, de multiples solutions plus impratiques et moins basées les unes que les autres surgissent de cerveaux fort bien intentionnés, mais qui n'ont qu'un seul travers, celui de mettre la charrue avant les bœufs.

Rappelons pour mémoire l'éloquente brochure parue en 1851 sous la signature d'Horace Vernet, brochure approuvée par l'Académie des Beaux-Arts, et qui réclamait des Pouvoirs publics une distinction entre la cession à un tiers du droit de propriété de l'auteur sur son œuvre originale, et la cession du droit de reproduction de cette œuvre.

Revendication que nous formons encore et que nous ne paraissons pas prêts d'obtenir. Pour mémoire je rappelle la formule déjà adoptée par la plupart des législations étrangères : L'aliénation d'une œuvre d'art n'implique pas, à moins de stipulations formelles en sens contraire, aliénation du droit de reproduction, et réciproquement.

Cette formule pourtant fort simple et fort équitable a rencontré un monde de difficultés, suscitées en grande partie par les cessionnaires spéculant sur le talent et la notoriété future de nos artistes. Rappelons également le projet de la Société des Amis du Luxembourg qui demandait que sur le montant de l'adjudication en vente publique des œuvres d'art, du vivant de l'artiste, ou pendant les cinquante années qui suivent son décès, un droit de 1 % fut perçu à son profit ou à celui de sa famille.

Puis le projet Hels, consistant à faire authentiques les œuvres d'art grâce à un timbre apposé par l'Etat. Les artistes, qui l'auraient réclamé, toucheraient 10 %. sur toutes les ventes auxquelles donnerait lieu la sculpture ou le tableau.

Ces divers projets, qui font honneur à la vive imagination de leurs auteurs, furent l'objet d'une campagne de presse, menée par notre confrère Ajalbert et incitèrent un avocat à la cour, Me José Théry, à préparer les bases d'une association entre tous les artistes pour la perception de leurs droits d'auteurs.

Ces jours-ci notre pathétique confrère Jacques Dhur reprenait pour son compte une partie de ces idées et, ainsi que ses prédécesseurs, oubliant les artistes des Arts appliqués, se prépare à pourfendre les agioteurs, les spéculateurs, les intermédiaires qui s'enrichissent cyniquement sans souci d'assurer l'existence de l'Artiste et de ses descendants.

Tout ceci est fort beau, les phrases que ces projets suscitent sont parfois littéraires et toujours poignantes, mais elles n'aboutissent et n'aboutiront à aucun résultat pratique. La raison en est fort simple. La plupart de nos jurisconsultes et législateurs se refusent à établir une distinction entre la propriété ordinaire et la propriété littéraire et artistique.

Ils invoquent la liberté des conventions, ils se refusent à reconnaître autrement qu'en théorie ou en pratique mais dans certains cas exceptionnels le droit moral de l'auteur sur son œuvre, droit persistant même après une cession totale de celle-ci.

On conçoit que ces partisans de la théorie du droit commun, applicable à une propriété que nous considérons, nous, comme exceptionnelle, s'opposent à la réalisation de projets ayant, aux yeux de ces détracteurs, pour but d'instituer en faveur de l'auteur-artiste une sorte de privilège moral et matériel, qui, en fait, lui est dû.

Il importerait donc, avant d'étudier toutes ces questions de détails, de faire reconnaître par les jurisconsultes le caractère particulier de la *propriété littéraire et artistique* dont la jouissance est limitée ; de diviser ainsi que la loi de 1793 l'indique formellement, la propriété de l'œuvre de la propriété du droit de reproduction et, enfin, préciser législativement le droit moral de l'auteur constituant une réelle paternité intellectuelle.

GRANDIGNEAUX.

Salon des Artistes Français
LA PEINTURE *(Suite)*

Un fil d'Ariane nous conduit vers la figure que mon ami L. de Schryver catalogue sous ce vocable *Seule*. Mlle *Seule* s'était isolée pour essayer ce geste aimable et puéril que feu Vidal qualifiait de *Péché mignon*. Une jeune personne unit sa bouche à l'image reflexe que ses lèvres octroient au miroir-Psyché, tout émue de son rôle confidentiel. La forme est galbeuse, tentatrice, mais la couleur d'un excessif empâtement vous invite à se tenir à distance.

A est long dans pâte et bref dans patte, « A bas les pattes, commande le gardien au satyre-gourmet qui, se souvenant du melon exposé à Automobile-Club et très reliefé de pâtes colorées et rubescentes, prend le... dos de la demoiselle pour un cantaloup, cependant qu'un récitant du Salon des Poêtes déclame :

Le soleil sur la lune un instant s'est posé !

Le Bain est une pochade de Ponchon; de M. Sanders, la petite brunette paraît citron dans une ambiance blanche; au surplus, agréable limonade.

Appuyée contre un pin, une adolescente offre son dos très bien dessiné.

« A mesure que la création s'élève (dit Charles Blanc) elle diminue l'importance de la couleur pour s'attacher au dessin »,

De Priou, je goûte la *Muse* élégante et svelte. A considérer la couleur de sa tunique et le stradivarius dont elle fera tout à l'heure vibrer la chanterelle pour accompagner le chant des oiseaux, on pourrait dire : Muse verte au violon; mais le doute ne semble pas enténébrer son âme lyrique et les rimes de Bouillet éclosent sur ses lèvres purpurines :

« Lève-toi, lève-toi; le printemps vient de naître, Là-bas, sur les vallons flotte un réseau vermeil ! »

La dame rousse, *Solitude*, de M. Masson regarde des images, moi je regarde la dame rousse. (M. Hamard aussi, mais pas dans le même but).

Dans le très coloré effet nocturne de Mlle Michaud, la lanterne du Prince de Condé (de Maignan) éclaire des roses au lieu d'éclairer du sang. J'aime beaucoup les roses, la roseraie de Bagatelle est admirable en ce moment, et j'ai vu Mme Lemaire y peindre une étude très brillante.

Feuilles d'Automne de M. de Joncières : une dame assise sur le bord d'un bassin circulaire, deux fidèles schieskeys l'accompagnent et font escorte à sa rêverie. Les horizons sont estompés de vapeurs enveloppantes donnant l'illusion d'un plus profond éloignement. La mélancolie s'imprègne dans l'humidité du parc solennel où les frondaisons estivales achèvent de s'effeuiller en découvrant les squelettes que l'hiver proche fera crisser. Déjà, dans l'agonie des fleurs, s'exhalent les derniers parfums des roses : parfums et souvenirs !

Nous ne retrouvons pas, dans les décorations pour la Sorbonne, la caractéristique de Mlle Dufaur, cette artiste au tempérament fait de charme. Nous voici loin, dit M. A. Flament, des bacchantes alourdies de baisers et jeunes bergers câlins qui s'ébattent avec elles. C'est pourtant avec un grand éloge qu'il décrit l'allégorie de la *Radioactivité* (c'est-à-dire de la matière) et du *Magnétisme*, c'est à dire l'impondérable.

Nous irons apprécier, admirer peut-être ces décorations à leur place définitive, car nous pensons que les décorateurs ne doivent pas montrer préalablement, aux expositions, leurs futures fresques.

Au Salon, la *Sainte-Geneviève* de Puvis ne disait rien, elle semblait aphone, le *Saint-Denis*, de Bonnat avait du ressort, au Panthéon, Ste-Geneviève chante divinement et St-Denis hurle : Je ne vous dirai pas qui braille dans les caveaux, vous le savez bien.

(A suivre)

VERSAILLES
55e Exposition des Amis des Arts

Il pleut beaucoup aujourd'hui dans la ville du Roi-Soleil, mais o splendide Hôtel-de-Ville aux multiples escaliers, et sa grande salle des Fêtes toute blanche, avec des trumeaux encadrés de rinceaux dorés, abritent des paysages de Georges Bertrand. *Coin du Parc au soleil couchant*, de Goussin, *Bassin du Luxembourg*, étude assez colorée de P. Girardet; *Pinède à Hyères*, de Gagliardini; *Saint-Miguel en Italie*, et là, du moins, règne le beau temps !

M. Nozal aussi pourrait nous offrir cette illusion ensoleillée, mais il a préféré accorder son paysage des Hautes-Pyrénées en nocturne d'un joli ton mineur.

A. Guillemet, quittant la mer pour la campagne, prend son soleil couchant à Moret.

C'est à Saint-Cyr, près Versailles, que naquit la légende du nègre, or le Nègre continue à être noir, tandis que Gagliardini continue à être peintre clair prodigue des amusantes luminosités.

Prevost-Valeri qui vient, au Salon des A. F. d'obtenir le prix Rosa-Bonheur nous montre ici, avec bonheur, une *Rentrée de troupeau* qui entre tout-à-fait dans sa manière, tandis que M. P. Collin présente en liberté un groupe bien touché de petites chèvres.

Mlle Jeanne Denise emprunte à Roll une palette d'occasion, le Maître sollicité de mettre son nom dans le catalogue versaillais nous montre, dès le seuil du Salonnet, un *Cheval en liberté* emprisonné dans un cadre trop étroit. J'ai déjà vu ce fier coursier dans un autre haras.

Le portrait de M. Roujon, et cela s'explique par la qualité du modèle, est du Bonnat de derrière les fagots.

La *Paysanne rêvant*, de Tattegrain, est attaquée sans tâtonnements et ici la peinture est vaine o dans toutes ses difficultés.

M. Maxence, enfant gâté du succès, accentue dûrement les notes répercutées dans la grotte du chant de sa Sirène. S'il continue, on fera chanter ses sirènes dans les chœurs.

Une émotion de tristesse et de deuil se dégage du *Dispensaire* de M. Géo qui, cette fois, fait un peu penser à Louis Deschamps; d'autre part, le même artiste, Jean Geoffroy fait jouer sa note habituelle dans l'aquarelle *Public enfantin*.

C'est aussi l'enfant qui inspire la charmante peinture (une vocation du secrétaire actif et zélé, M. Larrue) où l'on voit dans une aquarelle un très frais *Printemps dans les bois*.

La *Prière d'une Vierge* est une romance pour piano. M. S. de Belzim l'interprète avec un doigté délicat.

De M. Kurkdjan nous goûtons l'appétissant *Déjeuner de l'Ouvrière*; de M. Jacques Potago la *Mélancolie d'hiver*; de Mme Potago un vieillard et son antithèse : une jeune femme.

M. Kireevisky, dans une harmonie souple et verte arbitraire, mais agréable à distance, a peint d'une facture large le portrait en pied de Mme T.

Le Directeur de l'Académie de France, à Rome, fait sourire l'effigie très vivante d'un homme jeune dans une ambiance brune et légère. Gabriel Ferrier avec un *Page Louis XIII* fait penser à ces travestis dont Mlle de Maupin aimait à s'attifer crânement.

Mlle Louise Van Paris retient notre attention devant un bien voluptueux portrait au long cou. Deux roses s'épanouissent au corsage de la dame aux beaux yeux, la devise des roses est : Qui s'y frotte s'y pique !

Parmi les fleuristes nous rencontrons Mlle Rabuteau qui nous promène dans l'allée creuse des géraniums, et Mlle Marcelle Eve (élève d'Emile Adam) cueille au Paradis des tulipes et des iris; G. Jeannin peint des roses, fleurs de splendeur, lesquelles se plaignent de n'être pas assez soutenues par un fond trop blanc. Mlle Caspers, qui demeure Quai aux Fleurs, gouache habilement les anémones.

M. Marcel Roll est plutôt un paysagiste tachiste, il nous montre dans sa notule *Roseraie* un échantillonnage de tons assez fins.

Je lis au catalogue, au nom réputé de Carrier-Belleuse; *Douces Pensées*, et je trouve couchée dans un cadre ovale horizontalement placé une jeune personne qui *pense* doucement. Et moi je pense qu'elle a bien fait de laisser son peignoir entr'ouvert sur une poitrine aimable aux rondeurs jumelles, mais que la pastelliste a eu tort (pour une fois) de négliger la beauté et le fini du visage.

Mlle Valentino, également pastelliste réputée, nous offre une jeune femme en peignoir japonais. M. Millo, aquarellise à l'eau de roses, très bien, son petit modèle qui se sèche à la cheminée (cocotte se chauffant au feu de coke ?).

C'est en chemise, et de la plus fine dentelle froufroutante comme un vol de tourterelles, que se présente la demoiselle de famille dont M. Gomerre a carossé les traits charmants.

La Farandole blonde de Mme Philippar-Quinet est d'une facture large, un peu en deça; la *Salle à manger*, signée Blanche Beaucerf, est un intérieur de premier ordre; la perspective aérienne y égale la perspective linéaire. Les valeurs sont justes et sans excès de sombreur, qualité rare !

Parmi les Nus, nous aimerions à suivre, même en voyage, les *Belles* de M. Tillier; elles sont élégantes et très jeunes, bien que XVIe siècle. Je pense pourtant que le type Renaissance est chez elles un peu affecté, et que la tête de cette belle brunette est bien menue.

M. Abel Boyé *étudie* une *Jeune femme*, heureux étudiant! et M. A. Mourié, qui nage très bien, une baigneuse blonde; de M. Bordes, portraitiste émérite, *Une bonne Pipe* (la pipe est culottée); de

M. Bouchor, qui ne manque pas de sentiment, le *Cimetière de Freneuse* est peint de façon à vous donner envie de l'habiter... le plus tard possible.

La cloche tinte, tinte, tinte.

Une voix d'homme s'est éteinte.

Le grand Rodin, dont le *Penseur* a failli être blessé d'un coup de revolver, obtient tous les suffrages avec son *Pygmalion donnant la vie à Galathée*, et le *Doigt de Dieu*, qui se dresse, formidable, devant l'union très libre d'un athlète nu et d'une jeune fille de marbre.

Mlle Galland, statuaire à Neuilly où la Foire but son plein, offre à notre appréciation le *Vieux Penseur* et *A bout de forces*.

Saluons encore Mlle Crépin qui vient d'être nommée associée à la Nationale; ses gamines Concarnoises, avec leurs parapluies mouillés, nous rappellent qu'il pleut toujours.

(A Suivre)

* * *

Dans sa jolie villa d'Orsay, route de Versailles, M. Feri de Szeksay, artiste-peintre autrichien, réunissait hier à déjeuner plusieurs amis venus de Paris. Le repas fut gai, après le café, les cigares, et les convives firent un tour de jardin.

Tout à coup deux détonations retentirent, et l'artiste qui venait de quitter ses amis était trouvé mort sans qu'il soit possible de déterminer les causes de ce suicide.

HABERT.

Informations

Les Monuments. — L'inauguration du monument à Eugène Manuel, dû au sculpteur Gustave Michel, aura lieu le dimanche 5 juillet, à dix heures du matin, avenue Henri-Martin, numéro 46, devant le petit lycée Janson-de-Sailly.

— Les jardins du Louvre vont enfin recevoir la statue équestre de Lafayette, offerte par les Américains à la France.

On se souvient que le piédestal monumental de cette statue est érigé depuis plusieurs années, et qu'il supporta longtemps un Lafayette en plâtre qui, malgré les restaurations, tomba en morceaux.

L'auteur du monument est l'excellent sculpteur Bartlett, un des premiers élèves de M. Rodin.

—o—

Rappelons que le Grand Prix de l'A. C. F. sera couru à Dieppe les 6 et 7 Juillet.

Les loges se louent avec une très grande rapidité, d'ici peu il n'en restera plus une seule de disponible. On en trouve encore à l'*Auto* aux prix suivants :

	Voiturettes 6 juill.	Prix 7 juill.
Premières loges, 9 places.	225 fr.	450 fr.
Premières loges, 6 places.	180 »	300 »
Deuxièmes loges, 6 places.	120 »	180 »
Deuxièmes loges, 4 places.	80 »	120 »
Tribunes, places numérot.	15 »	20 »
Enceinte.	10 »	15 »

A noter que le garage officiel percevra, par voiture, le 6 juillet : 5 francs ; le 7 juillet, 10 fr.

L'entrée au pesage les 4 et 5 juillet sera tarifée 2 francs par personne.

—o—

Congrès et Récompenses des architectes. — Les récompenses suivantes ont été décernées par la Société centrale des Architectes français, dans l'hémicycle de l'Ecole des Beaux-Arts, sous la présidence de M. Dujardin-Beaumetz.

Médaille d'honneur. — M. Sanson, architecte à Paris.

Prix Dejean. — M. Gosset, architecte à Reims.

Jurisprudence. — Médaille d'argent : M. Tendron, architecte à Angers.

Ecoles de France à Athènes, à Rome et en Extrême-Orient. — Grande médaille d'argent : M. Greuier, ancien membre de l'Ecole française de Rome.

Fondation Naudin. — Grande médaille de Vermeil : M. Dehaudt, architecte, à Lille.

Ecole nationale des beaux-arts. — Grande médaille d'argent : M. Crevel, élève de M. Paulin

ex æquo ; M. Danis, élève de M. Deglane, *ex æquo* ; M. Dufet, élève de M. J.-L. Pascal.

Ecole Nationale des arts décoratifs. — Grande médaille d'argent : M. Doisneau.

Enseignements du dessin dans les écoles primaires. — Grande médaille d'argent : M. Beaucamp, instituteur, à Caudebec-en-Caux (Seine-Inférieure).

—o—

A l'Institut. — L'Académie des beaux-arts, dans sa séance présidée par le maître L. O. Merson, a décerné le prix de 12.000 francs, fondé par le baron Alphonse de Rothschild, et destiné « à encourager les travaux d'un artiste de mérite ou à récompenser une carrière artistique ».

Ce prix est partagé également entre le peintre Urbain Bourgeois et le compositeur Alexandre Georges pour l'ensemble de leurs œuvres.

Le peintre Bourgeois est un excellent portraitiste, ancien second grand-prix de Rome, et l'auteur de plusieurs « cartons » de tapisserie des Gobelins.

Alexandre Georges, qui est un de nos compositeurs les plus originaux, a donné, entre autres, *Miarka* et les *Chansons de Miarka*, *Charlotte Corday*, de fort beaux *Chants de guerre*, la musique d'*Axel*, etc.

—o—

Société Nationale des Beaux-Arts. — Le comité a attribué le prix Paquin à un peintre, M. Charles Dufresne, qui a exposé trois pastels très remarqués, et à un sculpteur, M. Raoul Lamourdedieu, pour sa belle statue en marbre, *Vénus moderne*, parmi ses charmes.

—o—

Conseil supérieur des Beaux-Arts. — Le conseil supérieur des beaux-arts s'est réuni à nouveau pour procéder à l'attribution des « encouragements spéciaux » en espèces, institués, il y a trois ans, par le sous secrétaire d'Etat aux beaux-arts.

Il a accordé des « encouragements » de 1.000 fr. à quinze artistes dont les noms suivent :

Peinture : Mlles Minier, Karpelès et Cahun ; MM. Louis Degallaix, H. Léty, A. Roberty et Gabriel Rousseau.

Sculpture : MM. Raybaud, Vallette, Arnold, Georges Durand, Sain et Ponsard.

Architecture : M. Magne.

Gravure et lithographie : M. Hoizot.

Trente artistes ont obtenu des « encouragements » de 500 francs :

Peinture : Mlle Huret ; MM. Maurice Taquoy, Mairat, Le Petit, de Morlière, Casse, Granugérard, Mathurin, Lemonnier, Bedorez, Meunerot et Aubry.

Sculpture : MM. Béchu, Cartier, Cremier, Roques, Delaigne et Hulin.

Architecture : MM. Pin, Boussois et Laprade.

Gravure et lithographie : MM. Penarquin, Labrouche et Bertrand ; Mlles Carrière et Simonet.

Gravure en médailles : MM. Schneider et Desvignes.

Art décoratif : Mlle Lambrecht et M. Hairon.

—o—

La Société Nationale de l'Art à l'Ecole dont le but est de rendre les locaux scolaires aérés, sains et gais, vient de tenir sa première assemblée générale. M. le Sénateur Couyba, président, dans une allocution applaudie, rappela les débuts de la Société et l'excellent accueil qu'elle reçut. Après l'exposé des travaux annuels par M. L. Riotor, secrétaire général, et le compte-rendu financier par le trésorier M. Dupré, il a été lu un rapport sur le récent Congrès de Lille. Des membres honoraires et actifs ont été nommés au Comité. Le bureau actuel est ainsi constitué : Président M. Couyba, Sénateur ; Vice-Présidents : MM. Buisson, Gasquet, Frantz Jourdain, Roger Marx, G. Van Brocke ; secrétaire général : M. L. Riotor (quai de Béthune, 26) ; secrétaires : MM. Chamonard, Chauvisé, Rosenthal et Testard.

La Société de l'Art à l'Ecole tiendra l'an prochain, un grand Congrès dont le siège sera incessamment fixé.

LE COSTUME DANS L'ART
(Suite et Fin)

La laine habille mieux que la soie, et le coton que la toile. C'est pourquoi les peuples antiques, artistes par le sang et presque sans le savoir, se couvraient d'étoffes laineuses. Les Grecs et les Romains n'en portaient presque pas d'autres. La pourpre n'était qu'une loge de laine teinte en rouge. Les Orientaux, dont les Arabes d'Algérie ont conservé les vêtements intacts depuis Abraham, s'enveloppent dans les *burnous* onduleux et blancs qui leur donnent le magnifique aspect de statues qui auraient dédaigné l'immobilité du piédestal.

L'étude des couleurs entre pour une part majeure dans le costume. Leur combinaison produit le bon ou le mauvais goût, la répulsion ou l'attrait. La théorie des couleurs complémentaires est la base peu connue des plaisirs de l'œil ou de ses mécontentements. En effet, certaines couleurs s'appellent ou se repoussent, se marient ou se gênent, agissent par le voisinage l'une sur l'autre, et se modifient par la juxtaposition à notre insu. Ce n'est pas ici le lieu de développer ce système tout rationnel et expérimental à la fois. Tous les artistes le savent : lorsqu'on veut exécuter des broderies blanches sur un crêpe de Chine ponceau, on se sert de soie bleue ; la blanche paraîtrait jaune.

Si les couleurs doivent s'unir, elles doivent également s'opposer. Il y a des règles de bon sens qu'on ne peut méconnaître et qui sont lors sont celles même de l'Art. Ainsi le blanc s'oppose bien au noir ; l'un et l'autre se marient bien avec le gris. Les couleurs provenant du bleu : le violet et le vert hurlent ensemble ; elles s'entendent au mieux l'une ou l'autre avec le blanc, et celui-ci avec elles moins bien qu'avec le bleu, couleur simple. Le rouge et le noir conviennent aux bruns ; le blanc, le bleu et ses composés aux blonds.

Le bariolé ne convient à personne. Il est de mauvais goût de porter un pantalon de drap noir et un habit de cortil blanc ; même une femme en jupe noire avec corsage blanc produit un effet médiocre et ne satisfait pas l'artiste.

Les dernières lois du costume que nous ayons à noter au point de vue de l'art sont à la fois les plus étranges et les plus importantes : l'harmonie doit y régner, et le contraste n'en est point banni. Rien ne paraît plus contradictoire, et rien n'est plus vrai. L'harmonie s'établit par les semblables aussi bien que par les dissemblables. Un costume d'une seule couleur forme un tout harmonieux. Un autre où les couleurs s'opposent habilement, sans jurer, sans se heurter, présente aussi un effet d'harmonie. Tout dépend de la composition, il y a en tout la vertu des dissonances et le mariage des contrastes.

Une partie de costume compliquée se rachète par une simple, un ornement par une *méplat*, une chose touffue par une chose unie. Un homme qui porte une grande barbe doit avoir les cheveux courts, sous peine de n'être plus qu'un sauvage, et la chevelure longue appelle la barbe courte. Une femme drapée dans un long manteau ne portera pas treize volants à sa robe, comme *Mimi Pinson*, et celle qui paraît au bal couverte de diamants devra, pour les faire valoir, se contenter d'une robe de velours ou de soie, sombre et sans ornements.

Les esthéticiens auront beau dire et prêcher le beau. Peut-être sauveront-ils l'Art en l'enseignant ; mais le costume ?.. Le costume moderne est une ruine... A. de MARTONNE.

COURRIER DES DÉPARTEMENTS

Le Salon de Nancy

La quarante quatrième exposition de la Société lorraine des Amis des Arts quoique des mieux organisée souffrira de l'absence un peu longue de théâtre à Nancy. Depuis que la salle Poirel est affectée aux spectacles, le salon de peinture est obligé de se tenir dans les mois d'été, alors qu'il était d'usage de l'ouvrir dans les mois d'automne, après les vacances. Les amateurs de province sont routiniers, ça les ennuie de voir changer de date une manifestation à laquelle ils sont accoutumés. Et puis, le beau temps est mortel à l'art; on préfère la nature en fleurs aux plus beaux paysages peints.

C'est par eux que nous commencerons notre examen. Nous devons constater avec regrets quelques absences, mais ce genre de peinture est encore très suffisamment représentée. Nous parlerons d'abord des lorrains en commençant par M. A. Renaudin qui a envoyé quatre vues intéressantes prises dans divers coins de notre région. Nous aimons particulièrement *Le Chemin des Grottes à Pierre la Treiche* et *Matinée d'été sur le Rupt de Mad*, d'une juste observation et d'une tonalité exacte. M. Renaudin vient d'être à juste titre honoré d'une deuxième médaille au dernier Salon. Nous avons déjà donné notre manière de voir sur les œuvres du parfait artiste qu'est M Hestaux. Cette fois, tout en restant fidèle à son pays natal il est allé au loin chercher des impressions nouvelles. Du Jura il a rapporté des vues savoureuses dans lesquelles des sapins aux troncs solides jouent un grand rôle, ainsi que des miroitements d'eau entrevus à travers les colonnades naturelles des arbres. Citons surtout *Sur les Bords du Lac de St-Point, Soir d'orage*, où la poésie de la nature se révèle avec beaucoup de délicatesse. Signalons du même artiste une superbe série d'aquarelles traitant des sujets analogues.

Un paysagiste infatigable en même temps que très doué est M. Léon Bavotte, admirateur de nos forêts et de nos cours d'eau. C'est aussi un décorateur avisé, sachant mettre en valeur avec beaucoup de sens harmonique la coloration du ciel aux heures les plus esthétiques du jour, et la silhouette des arbres, et les savoureux contours de la rivière qui glisse entre les prés fleuris. Le panneau intitulé le *Soir*, nous séduit par sa lumière blonde et dorée. Nous aimons aussi *Une vieille hutte de bûcherons dans le bois d'Epernay* où l'artiste montre la science avec laquelle il connaît la structure des arbres de nos forêts.

M. H. Ravel qui fut un admirateur infatigable de nos belles Vosges, s'est épris des sites de la Provence qu'il traite très consciencieusement, comme toujours. Nous avons remarqué surtout parmi les trois tableaux de son envoi *Dans les oliviers de Vence*. M. Ch. Jacques a voué une affection sincère et éclairée à la petite Ville de Moret. Il nous présente une église de cet endroit fort bien traitée. Son frère, je crois, M. Raphaël Jacques nous donne un site tragique à l'heure crépusculaire d'un très bel effet. *Les Ruines du Château de Pierre Percée* de M. Cartier-Bresson méritent mieux qu'une mention. C'est un paysage bien étudié et dont l'éclairage nous satisfait pleinement.

Voici les tableaux de M. A. Colle, l'artiste aux talents si divers. Cette année ses paysages sont tous très intéressants. Ce sont d'abord des vues d'une promenade publique de Nancy, la Pépinière. Dans l'une d'elle un parterre de roses rouges s'étale avec toute l'intensité de sa vie et de sa couleur, tandis que le deuxième plan se compose d'arbres de diverses essences et de tonalités variées. Nul ne peut contester la valeur de cette toile hardie et sincère *Coucher de soleil sur les Roches de Malzéville* est un tableau solide avec ses teintes sobres et ses masses ordonnées. Dans

l'éclaircie d'une forêt, les forges et les hauts-fourneaux apparaissent avec leurs fumées lumineuses, tandis que l'astre du jour disparaît derrière les côtes boisées du fond. Enfin nous féliciterons sans réserve cet artiste original pour sa vue de *Printemps près de Villers*, impression toute charmante d'une saison délicieuse.

Nous devons signaler la présence au Salon de Nancy d'un jeune paysagiste M. Horel qui, si nous en jugeons parce qu'il expose, est appelé à prendre rapidement rang parmi les artistes lorrains déjà connus. Nous retiendrons surtout de ses trois peintures une vue du *Village d'Amance* d'une très juste observation et d'une facture bien personnelle.

De M. Lizer-Prestat voici des coins Meusiens d'une tenue très ferme et d'une consciencieuse vision. M. H. Biva sait présenter ses paysages qu'il rend intéressants au plus haut point par ses effets de lumière. Sa *Rivière l'après-midi à Villeneuve-l'Etang* est d'une facture précise, d'un aspect plaisant et d'une tenue irréprochable. C'est là un des plus beaux paysages du Salon.

M. L. Boudot sait se souvenir des bons peintres de la bonne école: *Chêne au bord d'un étang*, est un tableau duquel se dégage toute la poésie du matin et la beauté saine d'un arbre traité avec respect.

De M. E. Bourgeois, nous retiendrons surtout un site parfaitement éclairé de Saint-Cast.

M. Corgialegno affectionne les ponts et les grands parcs. Ses deux tableaux sont intéressants par leur facture large et personnelle.

L'Etang du Lupin, de M. Debat-Ponsan, nous plaît par sa sûreté d'exécution et aussi par la saveur avec laquelle l'artiste a su rendre de beaux arbres se mirant dans une eau profonde.

Les paysages automnaux de Mlle Maréchal sont à retenir, surtout sa *Vue du plateau de la Mare aux Fées*. M. Guéry a dépensé beaucoup de talent dans sa toile un peu vaste intitulée *Cours d'eau sous bois à Togny-aux-Bœufs*. La peinture de M. Motheley nous plaît beaucoup; cette année il n'est représenté à Nancy que par le *Village de la Facerie*, petite toile bien exécutée dans laquelle la lumière joue avec douceur sur les toitures de chaumes de vieilles maisons normandes. M. Henry Mouren a certainement forcé la note dans son *Bois de Cyclamens*, car ces plantes sont généralement petites et basses. *Les Oies à la Mare* sont très spirituellement peintes.

La Chapelle de la Clarté de M. Rémond, mérite d'être retenue parmi les bonnes toiles exposées. La renommée de M. Rigollot est trop connue pour que nous insistions sur ses deux paysages *Eau dormante* et *Le Soir dans la Vallée d'Essonne*. M. Isenbart en Franc Comtois fidèle à son pays, nous trace en main de maître les aspects divers de la région jurassienne. *Pâturage du Haut Jura* nous conduit parmi un troupeau qui tend avec volupté l'herbe grasse et savoureuse de la montagne. *En Juillet: Montagne du Doubs* est peut-être un peu forcé et d'un effet trop cherché.

De M. Truchet, son *Petit Jardin* et son *Cavaletto à Venise* nous dirons peu de choses. Il s'agit de bonnes études traitées avec une touche large et sûre. Nous terminerons par le *Moulin de Boutigny* de M. Zuber, d'une facture un peu pâle, mais d'une correction parfaite.

Em. N.

(A suivre).

Voir aux prochains Numéros :

Nos Comptes-Rendus des Expositions
de
MONTPELLIER — AMIENS — DIJON
PONTOISE, etc.

L'Exposition de Sens

L'Exposition décennale de Sens, dans l'ancien Palais Synodal, a été un très grand succès pour le Comité d'installation : sous l'habile direction de M. Filliau, son Président, et de son Secrétaire M. Heuré, l'agencement des panneaux a été fort bien compris, et la difficulté était d'autant plus grande que l'Administration des Domaines avait prêté le Palais avec expresse défense d'y apposer un seul clou !... Un personnel dévoué, guidé par les soins délicats du peintre J. Sheneir, a pu réaliser ce problème.

Cela dit, constatons que la Ville de Sens a rarement vu autant de maîtres lui offrir leurs œuvres, l'œil du critique est embarrassé et ne sait où s'arrêter: nous comptons en effet plusieurs membres de l'Institut, des Prix de Rome, des membres du Jury et quantité de hors-concours.

Nous avons revu avec plaisir deux toiles de feu Félix Barrias, les *Courtisanes de Venise* et sa maquette des *Exilés de Tibère*, dont le dessin et la coloration sont impeccables.

M. Bauquesne, avec une *Ambulance* d'une vigoureuse exécution, et le *Cabaret du Père Lunette*, où les personnages sont peints comme les a rêvés Eugène Sue.

M. Armand Beauvais a deux jolis morceaux, sur la *Côte de Douville*, et des *Châtaigniers*; M. Louis Béroud nous réjouit encore avec son *Salon Carré du Louvre*, la grande lumière descendant du plafond est d'un effet très chatoyant sur sa figurine bien peinte et les ors de ses cadres; M. Bergeret a présenté de délicieuses *natures mortes*, et M. Berlon deux toiles bien expressives de *Songes* et *Souvenir*.

M. Albert Besnard, un joli *portrait de Mme Charlotte Besnard* et une étude bien pittoresque d'un *Marché aux chevaux dans le Pas-de-Calais*. Nous assistons plus loin à une petite scène bien parisienne de Brispot, *Pêcheurs sur les quais de Paris*, quel joli coloris !...

M. Cagnart obtient un grand succès avec ses *Hauts-Fourneaux* dont la teneur impressionne, comme toutes les grandes forces de la nature domptée, et un très *Joli Soleil couchant* qui poudroie sur les bords de la Meuse.

J'aime beaucoup le *Coin fleuri* de M. Gauchois, c'est là une belle facture qui réjouit les yeux ; M. Chivot dont l'éloge n'est plus à faire a envoyé *Château sous la Neige* ; un joli morceau est la *Leia* de Léon Comerre, j'ai pensé à Regnault en admirant cette toile aux chairs palpitantes.

D'excellents pastels de M. Gabriel de Cool, des nus fins et lumineux ; les *Gantières* du maître Cormont, d'un art et d'une conscience incomparables: l'*Abreuvoir*. M. Debat-Ponsan, avec un ciel qui reflète sur les bêtes une belle transparence de coloris; un joli *Effet de Blés à Charilie*, par M. Dupain, sont encore à citer.

Le maître Gagliardini est toujours féerique, sa palette rivalise avec le soleil ! (Citons de lui *Les Pêcheurs* et le *Beau coin de Beaulieu*.)

Les *Feux de la Saint-Jean*, de M. Léon Cagneau, de M. Gaudibert les *Amandiers en fleurs*, (dessin consciencieux et sûr) ; de M. Goussot, deux toiles bien observées et jolies de lumière ; du peintre Delpy, deux toiles exquises de *Matin d'été à Goulet* et la *Seine à Vernon*, qui ont toutes les qualités de Corot et de Daubigny avec la note personnelle du Maître.

De M. Gros, sur la *Digue à Concarneau*, et un vallon au *Bord de la Mer*, où l'atmosphère se révèle avec tous ses charmes; de M. Gnay, *Pêcheurs d'Ecrevisse* et l'*Eglise d'Ormonville*; quant aux paysages de M. Guillemet, *Les bords du Loing*, on ne se lasse pas de les disséquer, je crois que personne mieux que lui, n'a su décrire ce joli coin de nature qu'est Morel.

M. Henri Laissement se montre encore très observateur, ses personnages sont finement peints et bien estompés dans l'ambiance.

Un portrait du maître Jules Lefebvre a arrêté les amateurs, c'est grand dommage, disait-on, que l'Exposition ne dure pas plus longtemps, car on reviendrait souvent admirer cette belle œuvre.

La *Jeune Fille aux Lauriers-Roses*, de Paul Leroy a été aussi très goûtée.

De M. Maillard, deux toiles impeccables, sa *Manon Lescaut* a surtout un grand caractère.

Un régal pour les yeux nous a été offert par le peintre J.-B. Olive avec son *Grand Canal à Venise*, le coloris puissant et fondu dans la transparence de l'ombre du quai est particulièrement réussi.

En Provence de M. Moutenard est toujours d'une très belle facture ; et que dire du *Port de la Rochelle*, de Petitjean, après son succès au Salon de cette année ? Le maître restera le grand peintre du Soleil.

Une très jolie page de M. Pezant, *Herbage au Vexin* ; de M. Prévot Valéri, une étude des *Bords de la Loire* et un *Coin de Bergerie*, attestent qu'il est maître de sa palette ; la *Nuée*, de Quignon, toute remplie de qualités ; *Le Pain*, grande étude où les effets de lumière sont fort bien réglés et distribués, par M. Gaston Roullet ; de M. Jacques Scherrer, trois toiles, *Rachel déclamant Phèdre devant Musset*, entre autres, avec un joli effet de lampe sur la figure du poète ; de M. Sylvestre deux *Buveurs*, dans une note qui lui est particulière ; de M. Jules Verdier, *Filles d'Ève* et les *Grottes de Toulinguet*, fort bien conçues ; Mme Jeanne Amen une très bonne étude de *Fleurs Printanières*, peintes avec art ; ceux beaux pastels de Mme Delphine de Cool, un *Grand Écran en drap* brodé, application de velours pyrogravé et rehaussée de pierreries ; *Le Paon*, de Mme Dorange Carpentier, qui a figuré au Salon de 1906 ; enfin un excellent paysage de Mme Madeleine Popelin ont mérité l'attention du public.

La Sculpture est représentée par le *Serment de Spartacus* d'Ernest Barrias et la statue marbre le *Chant*, de Bartholdi où a admiré un *Christophe Colomb*, en étain et ses jeunes *Vendangeurs* ; et de Daurée Dupuis, des plaquettes dans la délicate facture qui lui était coutumière, trois maîtres disparus, hélas !

Kinsburger a ici de beaux bronzes et marbres, *Méditation* et *Extase* ; et le sculpteur Sénonais Kley a toute une série d'études : *Rosée du Matin*, *Jeanne d'Arc* et une jolie pochade de *Son petit Fils*.

Louis Noël expose sa statue du maître Bartholdi, émouvante de ressemblance et d'allure ; citons encore un *Vieux Vigneron*, de Gustave Michel. Bravo, Maître, vous ne pouviez mieux séduire les gens de ce pays, cette œuvre est merveilleusement observée !

Enfin notre compatriote Peynot est fort bien représenté avec un beau marbre, l'*Aurore*, et surtout en bronze doré, le *Triomphe d'Amphitrite*.

La place restreinte m'oblige malheureusement de passer sous silence beaucoup d'autres envois.

                                        J. D.

P. S. — Pour des raisons de convenance, notre correspondant n'a pas cru devoir signaler les envois très remarqués de M. Jules Dorange, nous rectifions cette omission volontaire.

                                        N. D. L. R.

EXPOSITIONS A VISITER

PARIS

PARIS. — Salon des Artistes Français, Grand Palais des Champs-Elysées, jusqu'au 30 juin.

PARIS. — Société Nationale des Beaux-Arts. Salon de 1908, jusqu'au 30 juin.

PARIS. — Exposition des arts de la mer (peintres de marines) à la terrasse des Tuileries, jusqu'au 3 juillet.

PARIS. — 43, boulevard Malesherbes, exposition G. Nicolet, jusqu'au 11 juillet.

PARIS. — Hôtel Le Peletier de Saint-Fargeau, Exposition du « Paris Romantique », jusqu'au 1er octobre avec conférences chaque vendredi.

PARIS. — Galeries Durand-Ruel, rue Le Peletier, quatrième exposition des Artistes espagnols, jusqu'au 4 juillet.

FONTAINEBLEAU. — Au Monastère de Barbizon, exposition Pierre Thorel.

PARIS. — Coopérative artistique, 3, rue Laffite. Exposition permanente d'œuvres modernes.

BAGATELLE. — Exposition rétrospective organisée par la Société Nationale des Beaux-Arts.

PARIS. — Exposition Gaston Latouche, chez Georges Petit, 8, rue de Sèze, jusqu'au 13 juillet.

PARIS. — A la Bibliothèque Nationale, Exposition de l'œuvre gravé de Rembrandt, jusqu'au 30 juin.

PARIS. — Salon des Humoristes au Palais de Glace, clôture remise au 29 juin.

PARIS. Musée Galliéra, exposition de la Parure.

PARIS. — Au musée des Arts Décoratifs, exposition de l'art théâtral organisée par l'Union centrale des Arts décoratifs, jusqu'au 15 octobre.

PARIS. — Galeries Allard, 20, boulevard des Capucines, tableaux et dessins de J.-S. Kever, jusqu'au 30 juin.

PARIS. — Galerie Félix Cavaroc, 10, rue de la Paix, exposition permanente de marbres statuaires d'artistes contemporains.

VERSAILLES. — 55e Exposition de la Société des « Amis des Arts de Seine-et-Oise », jusqu'au 5 juillet.

PONTOISE. — Exposition de la Société artistique, à l'Hôtel-de-Ville, jusqu'au 30 juin.

DÉPARTEMENTS

CHARLEVILLE. — Union artistique des Ardennes. Exposition du 28 juin au 26 juillet.

MARSEILLE. — Exposition de l'Électricité (Section de Beaux-Arts).

BEAUVAIS. — Société des Amis des Arts de l'Oise. Exposition des Beaux-Arts jusqu'au 20 juillet.

SENS. — Exposition des Beaux-Arts du 20 au 30 juin.

NANCY. — Exposition annuelle de la Société lorraine des Amis des Arts, jusqu'au 26 juillet.

DIJON. — Société des Amis des Arts de la Côte-d'Or. Exposition des Beaux-Arts, jusqu'au 15 juillet.

BERGERAC. — Exposition internationale, jusqu'au 5 juillet, avec section des beaux-arts.

MONTPELLIER. — 21e Exposition de la Société Artistique de l'Hérault.

CALAIS. — Exposition Internationale avec section de Beaux-Arts jusqu'en octobre.

TOULOUSE. — Exposition internationale de mai à septembre, section de beaux-arts.

AMIENS. — Exposition triennale des Beaux-Arts, jusqu'au 6 juillet.

ÉTRANGER

MUNICH. — Au Palais de Cristal, l'Association générale des Artistes allemands, jusqu'au 18 juillet.

LONDRES. — Exposition Franco-Anglaise, de mai à novembre 1908.

TURIN. — Société promotrice des beaux-arts, 2e exposition quadriennale, jusqu'au 30 juin.

PITTSBURG. — Institut Carnegie, exposition internationale de peinture et sculpture, jusqu'au 30 juin.

FLORENCE. — Troisième exposition des beaux-arts des Artistes Italiens, jusqu'au 30 juin.

BADEN-BADEN. — Exposition annuelle des Beaux-Arts, au *Badener-Salon*, jusqu'au 30 Novembre.

EXPOSITIONS PROCHAINES

PARIS

PARIS. — Salon d'Automne, au Grand Palais, du 1er au 30 octobre. Dépôt des œuvres : peinture, gravure, dessin, les 7, 8 et 9 septembre ; sculpture et objets d'art, les 10 et 11 septembre. S'adresser au Grand-Palais, porte C.

PARIS. — Grand Palais des Champs-Elysées, Salon du Mobilier, de juillet à octobre (section des beaux-arts). S'adresser à M. H. Pairault, 3, passage Nollet, à Paris.

PARIS. — Concours d'affiches organisé par la Société des Petits Fabricants. Pour renseignements, s'adresser au siège social. 187, rue du Temple.

MELUN. — Société des Amis des Arts, Exposition annuelle du 8 au 26 juillet.

DÉPARTEMENTS

EPINAL. — Exposition de la Société Vosgienne d'Art, du 12 juillet au 30 août.

AUXERRE. — Exposition des Beaux-Arts, du 12 juillet au 31 août 1908. Dépôt des œuvres à Paris chez M. Robinot (50, rue Vaneau) du 9 au 16 juin. Envois directs jusqu'au 5 juillet, dernier délai.

Voir le Règlement dans notre numéro du 31 mai.

BAYONNE. — Exposition de la Société des Amis des Arts de Bayonne-Biarritz, du 25 août au 25 septembre. Dépôt des œuvres chez M. Robinot 50, rue Vaneau à Paris, jusqu'au 15 juillet.

Voir le Règlement dans notre n° du 24 mai.

TOULON. — Exposition des Amis des Arts, en avril 1909. Pour tous renseignements, s'adresser à M. Gabriel Drageon, secrétaire-général, 6, rue Picot, à Toulon.

BREST. — Société des Amis des Arts (salles du musée de peinture), Exposition artistique, du 10 juillet au 10 au 10 août. Voir le Règlement dans notre numéro du 24 mai.

NANCY. — Exposition internationale en 1909. Voir le règlement dans nos numéros du 15 décembre et du 26 janvier.

EVREUX. — Société des Amis des Arts de l'Eure, exposition de peinture du 12 Juillet au 16 Août. Dépôt des œuvres à Paris, 15 au 20 juin, chez M. Navez, 17, rue de Maistre ; envois directs à Evreux, rue Victor Hugo avant le 25 juin.

Voir le règlement dans notre n° du 1er Mars.

GRENOBLE. — Société dauphinoise des Beaux-Arts, prochainement Exposition au Palais de l'Industrie, avec exposition rétrospective de l'œuvre de F. Ravier.

DIMANCHE 5 JUILLET 1908.　　　REDACTION : 29, Rue de Paradis, PARIS

Le N° 25 Centimes　　　　　　　　　Téléphone : 443-60

LA REVUE DES　BEAUX-ARTS

Peinture - Sculpture - Architecture
Gravure - Musique

Renseignements Artistiques
Expositions - Concours

ABONNEMENTS
pour la
FRANCE
{ Edition ordinaire 10 fr.
{ Edition de luxe 20 fr.

*L'édition de luxe contient chaque semaine
des reproductions de maîtres, hors texte.*

ÉTRANGER : 20 fr. et 30 fr.

*Il n'est pas accepté d'abonnements pour une
durée moindre d'une année, mais le paiement
peut être effectué trimestriellement.*

BUREAUX A LONDRES : 199, Piccadilly-W.

*L'abonnement est renouvelé de plein droit, faute de pré-
venir par lettre avant l'expiration. Les règlements trimestriels
doivent être adressés en mandats à l'administration, au cas
contraire les frais de recouvrement (50 centimes) sont à la
charge de l'abonné. L'abonnement part invariablement des
1er Janvier, 1er Avril, 1er Juillet et 1er Octobre. La Revue ne
paraît pas du 15 Août à fin Septembre.*

GAZETTE HEBDOMADAIRE
Fondée en 1830

Georges DRACK, Secrétaire

HENRY REVERS, Directeur
{ RÉDACTION : Jeudi et Samedi, 4 h. à 6 h.
{ SECRÉTARIAT : Lundi et Mercredi 2 à 4 h.
Administrateur, GEORGES RENE

L'ART EN PROVINCE

Il m'arrive ce qui m'est arrivé chaque fois que j'ai préconisé *les travaux des artisans* dans cette revue : différents lecteurs me demandent si je ne fais pas fausse route, tant il est vrai que la notion de l'art nous est devenue étrangère.

« L'artisan, m'écrit un de mes correspondants, tenait le milieu entre le manouvrier et l'artiste, il pratiquait un métier, avec habileté et goût, incontestablement, mais il était dépendant du *maître d'œuvre* qui élaborait les détails d'achèvement des édifices auxquels les corporations (les artisans) étaient appelées à collaborer. Et ce maître d'œuvre n'était lui-même qu'une sorte de contre-maître suppléant l'artiste-créateur dans l'exécution matérielle de son œuvre. »

Voilà bien des subtilités, et l'on sent que *la discipline* ancienne — si nécessaire à la mise en œuvre de tout monument d'art — est seule en cause ici. L'individualisme actuel, ennemi de la discipline, ne concevant plus la nécessité de la collectivité, la production fragmentaire reste sans destination, nous l'avons noté maintes fois, et c'est là le problème délicat que nous avons à résoudre.

Un lecteur plus avisé m'a pourtant signalé une étude parue récemment dans la *Revue lorraine*, et touchant au sujet qui nous occupe. Je viens de lire cette étude où M. Émile Nicolas, bien connu en Lorraine pour ses ouvrages d'art, pose la question de la décentralisation avec une grande autorité : on me saura gré, je pense, de laisser la parole à mon distingué confrère en citant un paragraphe entier de son beau travail :

H. R.

L'ÉCOLE DE NANCY

La conception de créer en dehors de la capitale un mouvement littéraire et artistique est relativement récente. Aussi n'est-elle connue et comprise que d'un petit nombre d'individus. Il se fait, souvent inconsciemment, dans les divers centres provinciaux, un mouvement de réaction contre la prétention qu'ont les Parisiens d'imposer au reste du pays leur littérature et leur art. Depuis longtemps déjà le jeune écrivain ou le jeune artiste qui veut voir consacrer son talent se croit

obligé — et souvent il l'est — de quitter le foyer paternel, la ville qui l'a vu naître et grandir, pour se plonger dans les intrigues, solliciter la protection des uns et des autres, se diminuant petit à petit vis-à-vis de lui-même, perdant peu à peu l'amour du travail sain et fécond, comptant plus sur la puissance des recommandations que sur son énergie et sa valeur personnelle. On reproche parfois aux décentralisateurs d'être particularistes, bornés dans leurs conceptions de la vie moderne. C'est un tort de les considérer sous ce jour. Ceux qui motivent ces critiques sont les plus bruyants, ceux qui ont une idée de derrière la tête, mais les hommes qui voient juste, qui analysent avec sang-froid les causes de notre décadence, estiment que le retour à la vie plus proche du sol natal est le seul moyen de sauvegarder le renom de notre belle patrie, si riche en ressources de toutes sortes, mais que nous ne savons pas mettre en valeur.

En parlant de l'affranchissement de l'art, il ne faut pas se méprendre sur sa généralisation, car il n'y a guère qu'en Lorraine que nous pouvons avoir la prétention d'être nous-mêmes, d'avoir su nous libérer de la tutelle académique, de cet enseignement officiel, si éloigné de ce qui vit et de ce qui est sincère. Les grands maîtres de l'art qui siègent à l'Institut et leurs collaborateurs plus modestes dans la hiérarchie des grades pensent que ce serait s'abaisser que d'enseigner l'amour des métiers qui produisent des objets utiles ; que ce serait renier l'art lui-même que d'enseigner le dessin sur des êtres et des objets que nous voyons autour de nous. Pour apprendre à dessiner, il est indispensable, selon leur conception de l'enseignement, de placer devant les yeux de l'élève les modèles tirés de l'antiquité grecque, dont ils ignorent d'ailleurs la véritable histoire, c'est-à-dire les productions antérieures à la grande époque, détachant et isolant ainsi arbitrairement une période dans l'ensemble d'une civilisation. Tant qu'on négligera d'enseigner la vie, nous resterons stationnaires et peut-être nous reculerons. Ce n'est pourtant pas déchoir que d'aller consulter l'humble fleur qui croît à l'ombre des grands arbres pour lui demander le secret de sa grâce, le charme de sa forme, le mystère de son coloris.

L'Ecole de Nancy s'est imposé la tâche très lourde et très délicate de formuler des principes qui nous paraissent nouveaux, parce que nouvellement ressuscités, mais qui, depuis des siècles, ont été dégagés par nos prédécesseurs.

Ces principes sont très simples d'ailleurs ; ils peuvent se résumer ainsi : tout individu qui se destine à l'art et aux métiers doit s'éduquer dans le milieu qui l'a vu naître et se développer ; il doit apprendre à dessiner les êtres, les choses qu'il a vus autour de lui depuis son enfance ; il doit aussi étudier les productions artistiques de ses devanciers, non pour s'en inspirer et les imiter, mais pour se pénétrer de leurs méthodes et de leur esprit. Alors, quand il sera en possession d'une forte personnalité, il pourra se transporter ailleurs, toujours il conservera dans son caractère les éléments primitifs de son éducation. Il pourra regarder sans crainte ce que les autres ont fait avant lui ou ailleurs. Il sera une individualité agissant dans la pleine conscience de soi.

Si notre beau pays de France était uniformément conforme, si son sol était partout le même, si les sites, les paysages avaient les mêmes aspects, les mêmes lignes, les mêmes tonalités, il est certain que chaque individu, sauf les variabilités personnelles, ressentirait sensiblement sur tous les points du pays les mêmes sensations et qu'une esthétique presque uniforme existerait sur l'ensemble de notre territoire. Mais, heureusement, cette uniformité n'existe nulle part, ni en France, ni ailleurs ; les variétés existent à l'infini entre les divers éléments de la beauté naturelle de notre patrie. Personne ne nous contredira sur ce point. Et cependant on continue à enseigner, si peu d'ailleurs, les arts du décor à Toulouse comme à Lille ; les principes mis en application sont les mêmes ; on décrète ici comme là-bas que la feuille idéale est la feuille d'acanthe, parce qu'elle fut utilisée par d'illustres décorateurs, lesquels possédaient un goût très sûr, sans doute, mais devant lequel nous ne devons plus nous incliner, parce que nous devons avoir la force de penser selon notre esprit et notre temps. Nous devons reconnaître la supériorité de ces devanciers merveilleux, mais des conditions de vie nouvelles sont apparues

l'esprit humain s'est transformé, notre mentalité a changé et notre savoir s'est étendu.

Entre les splendeurs de l'antiquité et nous, s'intercale un art national qui fut glorieux aussi et cependant il était lui-même ; il a pris naissance sur la terre occidentale et il s'y est développé en une floraison sublime, que nous méconnaissions hier. Ce n'est pas d'ailleurs les maîtres officiels de l'art qui en ont révélé la beauté, et l'enseignement de l'architecture l'ignore encore aujourd'hui.

A notre époque, où on commence à vouloir secouer le joug de la centralisation matérielle et morale que nous subissons, qui nous ligotte et annihile notre action, il est urgent qu'un mouvement simultané en faveur de l'art local se crée dans chacun de nos grands centres. Nous n'ignorons pas combien il est difficile de faire naître des énergies, de déterminer les mouvements féconds, de secouer la nonchalance des masses de plus en plus indifférentes aux causes justes et belles ; nous savons aussi toutes les difficultés que le mauvais vouloir de l'administration oppose aux bonnes volontés. Cependant il faut lutter quand même ; le mouvement décentralisateur ne peut-être que le fait de l'initiative privée. C'est pourquoi nous convions tous ceux qui ont à cœur la prospérité de l'art français, qu'une concurrence étrangère menace sourdement, à se grouper, à répandre autour d'eux des idées saines sur la beauté et sur l'art, et surtout encourager les artistes qui restent au milieu de nous, ne voulant produire que selon leurs conceptions étayées sur notre tradition et sur les indications de la nature de notre pays.

Nous avons parlé de tradition, mais il est bon de s'expliquer sur le sens que nous attachons à ce mot, dont on a faussé le sens. Nous estimons que la tradition doit jouer un grand rôle dans l'éducation de l'artiste et de l'artisan ; mais nous entendons la véritable tradition, celle qui est dégagée de tous les préjugés et de toutes conditions restrictives, car la tradition ne se limite pas dans le temps ; nous entendons donc la véritable tradition, qui résume l'effort collectif de nos pères toujours en mal de plus de perfection et de beauté. C'est alors que l'histoire et l'étude de nos vieux monuments, de nos maisons, des objets usuels, des métiers doivent jouer un rôle efficace et rationnel dans l'éducation de l'artisan et de l'artiste. Jusqu'ici on a beaucoup parlé de tout cela à nos élèves, et lorsqu'on leur en a parlé, c'était de telle sorte qu'ils ont trouvé tout naturel de copier ou d'imiter ce qu'on leur a dit être très bien. Ce qu'il faut, c'est organiser les musées provinciaux disposés pour l'éducation des jeunes artistes : c'est préparer des professeurs dignes de porter ce nom dans son acception la plus rigoureuse et la plus belle.

En examinant les superbes manifestations de notre art national, qu'il s'agisse du roman, du gothique ou de la renaissance, nous verrons sans peine que les diverses provinces ont influencé très profondément les caractères de ces périodes. Tous les éléments naturels ont contribué à différencier chaque style dans la région où ce style s'est développé. Ce sont d'abord les matières premières, les pierres notamment dont la contexture, la tonalité, la plus ou moins grande cohésion ont joué un rôle important. La cathédrale de Strasbourg et toutes celles de la vallée du Rhin moyen sont construites en grès rouge, matière se travaillant facilement et offrant au maçon et au sculpteur des ressources nombreuses ; tandis que Notre-Dame de Paris et les églises de l'Ile-de-France ont été édifiées au moyen d'une pierre blanche au grain très fin, se prêtant moins aux coupes allongées et sveltes. Dans les deux cas, la couleur intervient et l'effet que produit sur notre œil le chef-d'œuvre d'Erwin de Steinbach n'est pas le même que celui que nous ressentons devant Notre-Dame. Si, d'autre part, l'art gothique repose sur un symbolisme rigide, une certaine liberté était laissée à l'ornemaniste chargé d'embellir le cadre devant contenir le développement de l'histoire de l'Ancien et du Nouveau Testament. Cette riche décoration fut influencée d'une manière très caractéristique par la flore et par la faune locales. Les églises des treizième et quatorzième siècles ont une décoration variée tirée exclusivement des espèces vulgaires. Les chapiteaux notamment sont ornés des feuilles de renoncule, oseille, lierre, etc., dont les modèles vivant croissaient à quelques pas des ateliers des constructeurs d'églises. Il a existé à ces époques, sur l'ensemble de la France, des écoles nombreuses reflétant les manière d'être et des artistes locaux qui sculptèrent avec amour ces dentelles, ces broderies merveilleuses, ces guipures surprenantes de légèreté, qui font encore notre admiration et notre étonnement. La Bourgogne a été un vaste atelier où la fécondité des décorateurs a été superbe ; mais la Lorraine a aussi pris une large place dans ce concert élevé à la glorification d'une croyance. Celui qui veut comprendre l'art si complexe et si majestueux qui s'est développé dans notre province n'a qu'à se rendre à Varangéville, à St-Nicolas et à Toul. L'église de Varangéville nous apparaît comme le thème original des autres églises.

Ici les colonnes sont trapues ; elles donnent naissance sans interruption aux arcatures qui semblent être les branches naissantes d'un tronc et dont les ramures se réunissent et se fondent dans les voussures. Il y a là comme une image de la forêt. C'est de l'art un peu fruste qui semble sortir directement du sol. A Saint-Nicolas, les piliers se sont élevés et, pour rompre la nudité des surfaces, une fine dentelle les enserre de ses festons, tandis que tous les autres ornements s'affinent et s'épurent.

L'art se dégage ici de son origine, il devient une expression plus idéale, il se manifeste comme un produit de l'esprit. L'art tiré de la nature ne doit pas être la copie formelle des êtres et des choses ; il doit refléter l'harmonie contenue dans tous les objets inertes ou vivants de la création. C'est dans ce choix instinctif ou raisonné que l'artiste révèle sa plus ou moins grande compréhension de la beauté et qu'il la rend sensible à tous.

Emile NICOLAS.

ECHOS

Le Monument à Michel Servet sera inauguré aujourd'hui sur le terre-plein de la Mairie du XIVe arrondissement, à proximité d'un des derniers « arbres de la Liberté » qu'on trouve encore à Paris.

Nous avons revu ces jours-ci l'œuvre de Jean Baffier sur son piédestal, et nous croyons qu'elle produira sur le plus grand nombre la sensation poignante que nous avons ressentie ; c'est là un bel art robuste, émouvant et sincère.

L'administration, paraît-il, n'a pas autorisé les inscriptions qui commentent ce péché mignon de l'époque calviniste, cette lettre de Voltaire, entre autres, datée de 1757 :

« On demanda au Conseil communication du procès de Servet. On le refusa tout net. Hélas ! on aurait vu qu'on brûla ce pauvre diable avec des bourrées vertes où les feuilles étaient encore, qu'on fit prier maître Jehan Calvin ou Chauvin de demander au moins des fagots secs et que maître Jehan répondit qu'il ne pouvait en conscience se mêler de cette affaire ! En vérité, si un Chinois lisait ces horreurs, ne prendrait-il pas nos disputeurs d'Europe pour des monstres ? »

—o—

La valeur des œuvres d'art. — Le portrait de Sedaine, par Chardin, une chose exquise d'ailleurs, a été vendu à la récente vente Chéramy 56.000 francs. Il avait appartenu à Dumas fils, et, à la vente de ce dernier, avait été payé 2.700 francs.

Comment s'étonner de ce saut, quand on a vu des Fragonard, adjugés pour 80 francs, atteindre presque le demi-million à la vente Crosnier ? Quand on a vu payer à la vente d'Yanville 42.500 francs un buste de Louis XIV, en pâte tendre de Mennecy, qui avait fait 700 francs à la vente de la marquise de Turgot, en 1887 ?

L'époque appartient évidemment aux marchands et aux « collectionneurs. »

Les artistes d'autrefois, simples ignorants, vivaient comme des ouvriers, et n'étaient guère mieux rétribués.

Dürer fit un portrait à la plume pour un cent d'huîtres, et quand on lui donna 750 fr. pour un portrait à l'huile du roi de Danemarck il pensa que c'était une excellente affaire.

Pour tirer un bon parti de leurs tableaux, David, Teniers le Jeune, et Rembrandt lui-même furent obligés d'employer un truc, qui leur réussit très bien : ils se firent passer pour morts, et les acheteurs affluèrent.

Philippe Wouwermans, dont on paye très cher les œuvres, fut pauvre toute sa vie ; quand il sentit approcher son heure dernière, il ordonna qu'on brûlât devant lui les études et dessins qu'il laissait : « J'ai été, dit-il, si mal récompensé de tous mes travaux que je ne veux pas que ces dessins engagent mes enfants à embrasser une carrière où l'on traîne des jours misérables. »

Même en France, au dix-huitième siècle qui a été une époque d'engouement pour les arts, les peintres gagnaient relativement peu, et l'on n'en cite aucun qui ait pu amasser une fortune.

Certes, Chardin gagna plus que Velasquez, Van Dyck et surtout que le Corrège — lequel vendit pour 110 francs son *Christ au Jardin des Oliviers !* — mais, en somme, après toute une existence de labeur et d'économie, après tant de chefs-d'œuvre qui ornent aujourd'hui les musées et les collections particulières, Chardin ne se retira guère avec plus de quinze mille livres de rentes.

LA SCULPTURE (1)

A LA SOCIÉTÉ DES ARTISTES FRANÇAIS

(Suite)

LES BUSTES

Le *Portrait de M. L. A. M.*, par Mlle Mallou, est conçu par plans simples, qui se complètent de lumières glissantes.

Le *Portrait de M. Piot, sénateur*, par M. Gasq, est une puissante réalisation physiologique, où l'on discerne, sous les accidents du derme, le va-et-vient artériel, les contractions des fibres, tout le tumulte dont la vie est faite.

Un attrait artistique réside dans les portraits exposés par MM. Gustave Michel, Clémencin, Weigèle, Malet, d'Ambrosio, Maurice Marx, Boury, Sanchez, Mmes Bricard-Lassudrie, Marguerite Ceribelli, L. M. Gaudefroy.

Dans son robuste *Portrait de Monseigneur du Curel*, M. Denys Puech a très perspicacement marqué, par l'expression du visage, par le geste, l'empreinte sacerdotale.

La noble et claire figure de *Gallia*, par M. Antonin Mercié, évoque avec émotion la beauté de celle qui fut la « douce France » des vieux âges.

Par l'emploi de presque insaisissables incidents périphériques, sans recourir aux déformations de lignes, M. Colle assure à ses *Portraits* une intéressante animation.

Une grâce aristocratique est dans le *Portrait de Mme M.*, par Mlle Pelletier.

On s'arrête volontiers devant le *Buste* délicatement œuvré de M. Jean Karl ; le *portrait d'homme*, d'un art inquiet, par M. Févola ; le *Portrait* d'exécution virile par Mlle Monginot ; le *Prince de Condé*, d'une bonne composition, d'un travail précieux, par Mlle Boero ; le *Portrait de Mlle Suzanne V.*, aux yeux lointains, très mystérieux, par M. Carion ; *Portrait de femme*, d'expression tendre et douloureuse, par M. Bezner ; le *Portrait* rigoureux *de M. Delhorbe*, par M. Capellani ; la *Tête de vieux Basque*, d'une tragique hébétude sénile, par M. Carpenter ; *Buste de Femme*, coquettement gracieux, par M. Bacqué ; *Portrait de M. Giacomotti*, de modelé flexible, par M. Pasche ; *Étude* par M. Blaise ; *Portrait de Théodore Jouvet*, par M. Chabre-Buy, *Portrait de Mme la vicomtesse d'Amécourt*, par M. Granet ; *Portrait de M. Laugier*, par M. Virieux ; *Portrait du peintre Mohler*, par M. Jossant ; *Portraits de Mlle A. M.* et de *M. J. M.*, de scrupuleux dessin par M. Dagonet ; le *Portrait* finement observé de *Mlle Jenny R.*, par M. Exbrayat, le vigoureux *Portrait de M. Eugène Larcher*, par Grouillet ; le *Portrait de M. G. F.*, par M. Baincour ; *Portrait de Mlle Caravanies*, par M. Caravaniez ; le *Portrait de M. Le R.*, par M. Peyronnne.

Un pur et calme sentiment de paix religieuse attire dans *En Prière*, buste en bronze par Mme Varigard.

L'Alsacienne, de M. Waldmann, montre une fine souplesse de dessin.

Le *Portrait d'Homme*, de M. Andrieu, est originalement érigé comme un motif architectural.

Il faut voir aussi le *portrait du graveur Lucien Pénal*, d'une intéressante fougue de facture, par Mlle Jozon ; le ferme et sincère *portrait du capitaine G.*, de M. Royer ; le *vétéran de Crimée*, étude d'une saisissante véracité, par M. Hudson ; le portrait, de science attentive, de *M. Etienne*, par M. Loduc ; le portrait, nerveux et mobile, de *M. le docteur B. S.*, par M. Cogné ; le portrait pensif de *maître J. R.*, par M. Camel ; *M. Sicey, député de Paris*, et une *Tête d'enfant*, en bois de tilleul, au travail large et hardi, gardant une liberté de croquis, par

(1) Voir nos numéros des 14, 21 et 28 juin.

M. Bloch ; *Petit Louis*, par M. Theunissen ; les portraits du *Peintre Jules Breton* et d'*Éliane Demont-Breton* dont les modelés se colorent habilement d'atmosphère, par M. Houssin ; le *Portrait de M. D.*, gras et souple comme un bronze japonais, par M. Bonnabeau.

M. Récipon a, très rationnellement, cherché la vie du portrait dans un acte, qui, matériel en sa forme, est significatif de pensée. Le *Portrait de M. de Saint-Arroman* est représenté dans l'animation d'un dialogue ou d'une conférence. L'œil luit, parmi les spirituels petits sourires de ses rides ; les oreilles très particulières, étroites et pointues, ont un air impatient et malin, comme si, recevant les ondes sonores d'une controverse, elles les réfutaient au passage ; les narines battent, les veines se gonflent, les lèvres s'ouvrent, tous les muscles de la face participent à cette émission de la parole, qui est employée ici pour résumer le modèle en une action intellectuelle.

STATUETTES ET ART PRÉCIEUX

Le portrait de *M. Pierre Debauge*, par M. Seysse, est, dans sa matière de bronze et d'argent étrangement nuancée, une effigie d'enfant, dont la vie se décèle primesautière et joyeuse.

Une suave pureté de dessin enchante dans la *Baigneuse* de marbre et la *Phryné* d'ivoire de M. Levasseur.

La *Vendangeuse* de M. Larroux se cambre en une orgueilleuse et torte attitude de solide animal humain.

Le *Bacchus enfant* de M. Antonin Carlès est un adorable corps de petit dieu très humain, chair tendre au modelé gras, aux plis doux, au joli geste hésitant.

M. Loiseau-Rousseau expose une *Ariane* poignante que la douleur semble écraser d'un faix matériel ; *Pudeur* et *Esclave*, deux statuettes aux lignes élancées et moelleuses ; un *Buste de femme* et un *Buste de nègre* ciselés comme des strophes aux rimes rares, à la prosodie précieuse.

Un charme émane de *La Bière*, de M. André ; des *statuettes*, aux combinaisons savantes d'ivoire, de marbre, de pierre, par M. Allouard ; des statuettes où s'harmonisent les valeurs colorées de l'ivoire, du marbre, du bronze, par M. Paul Roussel ; de *diabolo*, par M. Vorschneider ; des figurines en plâtre teinté par Mlle Rozet ; des deux petites *Hollandaises*, aux atours amusants, par M. Pernot ; du *portrait* en marbre et ivoire de M. Michelet ; des *échasses*, statuette, d'une grâce puérile très prenante, par M. H. Lefebvre ; de la *Danseuse au voile* et de la *Femme au masque*, de M. Paul Philippe ; de l'*Invitation* coquette, par M. Weigèle ; du *Bon pauvre*, naïve et touchante parabole, par M. Robert Champigny.

Dans le *Portrait du potier Émile Decœur*, M. Descatoire exprime, par le moyen convaincant d'un robuste réalisme, l'acte préféré, la raison d'être même de l'artiste, représenté absorbé par son œuvre, attentif à douer la glaise de la forme belle, qui sera sa vie d'objet.

La *Tête casquée*, en marbre, bronze et ivoire, par M. Hannaux, est d'un délicieux travail, qui reste large dans ses plus fins détails.

Un rythme giratoire très lent, presque hiératique ennoblit la *Danseuse* de M. Lombard.

LÉON DE SAINT-VALÉRY.

(A Suivre)

L'ART DÉCORATIF

XXIII

Sans aucun doute c'est se montrer fort généreux que de réclamer pour les artistes des conditions d'existence moins précaires pour eux-mêmes ou pour leurs descendants directs. Mais encore faudrait-il, avant de se passionner, songer à sélectionner parmi les questions complexes qui constituent le problème, celles susceptibles d'être immédiatement solutionnées.

Avant de formuler des idées de pure imagination, il importe de considérer les bases des résistances que l'équitable évolution à produire doit fatalement rencontrer.

Il faut se rappeler que le caractère de propriété attribué aux productions littéraires et artistiques a été vivement discuté chaque fois qu'il s'est agi de prolonger la durée des droits de l'auteur sur son œuvre. Des discussions ardentes se produisirent à ce sujet et je me demande s'il est bien utile de les réveiller. Pour beaucoup de personnes, voire même pour la plupart des jurisconsultes et des législateurs, il paraît inconcevable que nous prétendions à réclamer des règles spéciales en matière de propriété artistique. Il semble à beaucoup que le droit commun s'impose à nos droits spéciaux comme à toutes les autres formes de la propriété considérée en général. En vain nous démontrons que la propriété artistique se compose de deux parties distinctes : 1° la propriété de l'œuvre en tant qu'objet matériel, qui peut être régie par le droit commun ; 2° la propriété des droits de reproduire, cette œuvre régie par la loi des 19 et 24 juillet 1793.

Qu'en outre la jurisprudence a consacré un droit moral de l'auteur sur son œuvre, droit subsistant même après la cession totale de celle-ci et permettant à l'auteur de s'opposer à toute atteinte à sa réputation, à sa personnalité, dont l'œuvre cédée est une émanation directe. Or, on nous répond avec juste raison que lorsqu'on achète un objet d'art l'on entend en jouir pleinement, comme de toute propriété légalement acquise. Qu'en conséquence, le propriétaire d'une œuvre doit acquérir en même temps le droit d'en faire l'usage que bon lui semblera sans avoir à tolérer l'ingérence de l'auteur.

Il importe donc d'imposer cette idée, pratiquement réalisable, qu'il est injuste de ne pas séparer nettement les deux droits matériels que possède l'auteur sur son œuvre. Car celui-ci, au début de son existence professionnelle, pourra bien vendre pour peu d'argent l'œuvre en tant qu'objet matériel, mais il est inique qu'il vende par surcroît le droit d'en effectuer des reproductions, car ces reproductions peuvent, par suite d'une notoriété acquise par des efforts artistiques consécutifs à cette vente, devenir une source de profits légitimes pour l'auteur. Que ces profits, l'acquéreur de l'œuvre bénéficiant déjà de la plus-value obtenue par l'objet matériel, n'a aucun titre à les posséder sans l'autorisation formelle de l'auteur, lequel doit, en tout cas, participer à ces bénéfices dues à sa réputation grandissante, à son effort continu auquel son cessionnaire n'a point participé.

A mon avis c'est donc sur ce terrain pratique qu'il importerait de placer la question. Démontrer que la propriété artistique ne peut-être comparée à la propriété ordinaire, car elle reste dépendante comme valeur de la réputation acquise ou à acquérir par le talent de l'auteur. Qu'elle reste donc intimement liée à la personnalité de son créateur et qu'il est juste que celui qui devient la cause d'une exploitation fructueuse en partage au moins les bénéfices et en dirige l'exécution au nom de son droit moral.

GRANDIGNEAUX.

LES
Petites Expositions de Paris

AU PETIT PALAIS

La collection d'estampes modernes. — Il y a six ans que M. Loubet inaugurait le Petit-Palais comme musée de la Ville de Paris et, sauf dans la partie réservée aux collections Dutuit, le cortège officiel dut passer à travers des salles à moitié vides ; depuis lors, les richesses artistiques du Petit-Palais se sont augmentées avec une rapidité surprenante, et le « Musée de l'Estampe moderne » dont on a beaucoup parlé depuis quelque temps, occupe aujourd'hui la galerie du rez-de-chaussée qui longe l'avenue des Champs-Elysées.

Grâce aux dons qu'il a su obtenir des amateurs, aux épreuves qui lui ont été offertes par les artistes eux-mêmes et à celles qui sont la propriété de la Ville, M. Henri Lapauze a réuni plus de trois mille estampes dont quinze cents sont, dès maintenant, placées sous les yeux des visiteurs.

Parmi celles qui seront le plus remarquées, citons les cent portraits du dix-neuvième siècle offerts par M. Béraldi : le *Masque de Napoléon Ier*, *Guizot*, *Paganini*, *Ingres*, le duc d'Orléans, par Calamatta ; *Alfred* et *Tony Johannot*, *David d'Angers*, l'éditeur *Renduel*, *Paul Delaroche*, *Alfred de Vigny*, le baron Gérard, par Gigoux ; *Decamps* et *Isabey*, par Gavarni ; *Lamartine*, par Girard ; *Horace Vernet*, par Gaillard ; *Ingres*, par A. François ; *Corot*, par E. Bocourt ; *Emile de Girardin*, par Monin ; *Frédéric Soulié*, par Célestin Nanteuil ; *Jules Janin*, par A. Bouquet ; *Ary Scheffer*, par Henriquel-Dupont ; *Victor Hugo*, par Massart ; *Jules Sandeau*, par Metzmacher, etc...

Il convient aussi de signaler l'œuvre gravé de Charles Jacque, donné par Mme veuve Chaplin ; les très belles séries de gravures de Fantin-Latour, don de la veuve de l'artiste et de Bracquemond ; puis ces pièces capitales ; le *Pape et le Christ*, par J.-P. Laurens ; *Tête de Christ*, par Gustave Doré ; *Antonin Proust* et *Victor Hugo*, par Rodin ; une série considérable de gravures de Paul Huet, la série dite « des petits paysages » ; des gravures de Daubigny, de Falguière, de Guérard.

Enfin, tous les graveurs de ce temps-ci sont représentés par des pièces choisies : MM. Waltner, Patricot, Focillon, Lepère, Eug. Béjot, J.-F. Raffaëlli, J. Chéret, Osterlind, Georges Bergès, Henri Rivière, M. Robbe, de Lalemay, Abel Truchet, Labrouche, Houdard, Eugène Charvot, etc...

Quant à la gravure sur bois, avec MM. Paul Colin, Jacques Beltrand, Eug. Vibert, et la lithographie, avec Carrière et Maurice Neumont, elles se montrent dignes de leur vieille réputation.

AU MUSÉE GALIÉRA

Le jury permanent du musée Galiéra, que préside avec tant de distinction M. Quentin-Bauchart, a ouvert sa nouvelle exposition consacrée à la « parure précieuse » de la femme.

Cette formule est assez vaste pour englober, avec les bijoux, — et l'on sait quelles variétés comportent aujourd'hui la bijouterie, la joaillerie et l'orfèvrerie, — les éventails, les manches d'ombrelle, les ceintures, les dentel-

les, les broderies, les face-à-main, les coiffures de théâtre, les réticules, les voilettes, les mouchoirs, les rabats, les berthes, les écharpes, les bonbonnières, les hausse-col, les boîtes à poudre, les cachets, les coupe-papier, etc...

L'or, l'argent, l'émail, le cristal, la nacre, l'ivoire, l'écaille, la corne se marient, dans cette Exposition ingénieuse, aux perles et aux pierres précieuses : diamants, turquoises, opales, saphirs, améthystes, aigues-marines, agates, olivines, émeraudes, lapis, topazes, tourmalines, rosalines, cornalines, alexandrites, chrysoprases, pierres de lune, escarboucles, amazonites.

M. Eugène Delard, l'actif conservateur du musée Galiéra, a su mettre en valeur toutes ces merveilles et c'est grâce à lui que les vitrines et les montres sont dignes des richesses qu'elles offrent à l'admiration des visiteuses.

Pour ce qui est de l'art rétrospectif dans la parure précieuse de la femme, les organisateurs ont pensé que ses manifestations actuelles constituant à elles seules une exposition d'un intérêt suffisant, il n'a été admis qu'une remarquable collection d'éventails fournie par le prince Demidoff de San Donato, sur lesquels il avait fait reproduire, à l'aquarelle, quelques-uns des meilleurs tableaux de sa galerie.

LES ARTS DE LA MER

La quatrième exposition des Arts de la Mer, organisée par l'Action maritime au pavillon de la terrasse des Tuileries, réunissait cette année une collection de marines et d'études de la vie maritime du plus haut intérêt.

On a remarqué un grand tableau de M. Michel Tkatchenko, *Après l'orage sur l'Océan*, d'une exécution extrêmement personnelle, des marines de M. Harrisson, de M. Matisse-Auguste, des vues de ports hollandais, par M. Frank Boggs ; des clairs paysages vénitiens par M. Iwill ; des études du port de Fécamp, par M. Henri Marret ; un *Lendemain de gros temps*, par M. Ernest Chevalier ; un *Canal en Hollande*, par M. Bellan ; une *Baigneuse*, par M. Gueldry. Citons encore les paysages maritimes de MM. Wadden, Trigoulet, Nozal, Moteley, Rémond, Waidmann ; les scènes de la vie des marins de MM. Tattegrain, Lucien Gros, Messonier, Roussel-Couturier, Paul Jobert, Henri Guinier, Hochard et Ch. Fouqueray, qui a obtenu un vif succès avec ses épisodes des guerres navales de la Révolution et de l'Empire. Enfin, Mme Elodie La Villette, de qui le talent est connu, et M. Gaston Roullet, qui s'est révélé observateur de la Venise chère à Ziem, mais qu'il a décrite avec des moyens très personnels.

L'exposition des *Arts de la Mer*, par les soins de M. Paul Jobert, sera transférée à Deauville en Juillet et Août.

L'Exposition du PARIS ROMANTIQUE

Il est bon de rappeler que le service de la Bibliothèque et des Travaux historiques de la Ville s'occupe, depuis l'année dernière, de constituer un « Office d'informations bibliographiques et de recherches historiques sur Paris », qui, à l'aide de fiches, fera connaître aux travailleurs les pièces que ne possède pas la Bibliothèque, avec l'indication des dépôts où ils peuvent les trouver. Trente mille fiches sont déjà classées, et leur existence donne aux travailleurs la possibilité d'obtenir, soit sur place, soit par correspondance, les renseignements qui leur sont nécessaires.

M. Marcel Poëte, conservateur de la Bibliothèque, a eu l'heureuse idée d'ouvrir dans une salle de l'hôtel Le Peletier de St-Fargeau, un cours public, accompagné de projections, et une conférence d'études réservée aux travailleurs qui désirent se documenter d'une manière approfondie sur les sources de l'histoire de Paris ; enfin pour parachever cette œu-

vre d'intelligente vulgarisation, il a entrepris d'organiser une série d'expositions gratuites destinées à évoquer aux yeux du public, le Paris d'autrefois, sa topographie, ses aspects, sa vie et ses mœurs.

Cette exposition dont chaque vendredi, une conférence de M. Marcel Poëte caractérisera les principales particularités et signalera les curiosités, offre par le plan, l'image et la photographie une véritable reconstitution de la physionomie de Paris pendant la grande période romantique (1822 à 1842).

Nous engageons nos lecteurs à ne pas négliger cette occasion de compulser une série innombrable de gravures, d'estampes et de photographies évocatrices de l'ancien Palais-Royal, des quais de la Seine, des théâtres, des boulevards, des barrières, et aussi des portraits des personnalités artistiques les plus célèbres, enfin des amusements de Paris, des petits métiers de la rue, du monde, et la mode.

Exposition J.-S.-H. KEVER

Tableaux et Dessins

M. Kever, artiste hollandais très réputé dans son pays, mérite d'être apprécié à Paris et placé en haute estime.

M. Allard, dans sa galerie de la rue des Capucines où se donnent rendez-vous les amateurs distingués, a montré son bon goût et son éclectisme en lui facilitant une manifestation d'ensemble ; ceci permet une appréciation plus juste que Kever ne pourrait guère espérer par des envois au Salon des Artistes Français, avec deux toiles, ou même au Salon de la Nationale, avec six toiles.

La vénération des siècles n'a cessé d'assigner le premier rang à la tâche à laquelle s'est voué l'homme des champs ; elle lui a même souvent attribué un caractère sacré, dit M. Chariot. Or, M. Kever excelle dans les scènes de la vie rurale. Entre feu Millet, qui mangeait du pain noir, et le très vivant M. Lhermitte qui se régale de galette, le paysanier Kever creuse aussi son sillon où il sème de la bonne graine d'art et d'émotion humaine.

Il se mêle à la famille rustique. Il reprend l'histoire de l'humanité en amont, — les premiers hommes ne furent-ils pas laboureurs ou chasseurs ?

Contrairement au troublant artiste Gaston La Touche, peintre des confluents de la civilisation, où flotte les buées de caresses lascives dans les bosquets ivres d'arômes et de voluptés, le peintre des Rustiques, noté dans la Nature, l'*Alma parens*, les voix des poèmes de l'Agriculture, les tendresses des mères, des grand'mères surtout, car les mères sont occupées au dehors, dans les campagnes, et ce sont les aïeules qui prodiguent les soins et les baisers aux petits.

Autour du Berceau (nᵒ 7) est une étude faite dans un intérieur où la lumière est très ménagée, trop peut-être pour la séduction picturale. Mais *Intérieur de ferme* (nᵒ 9) est bien en perspective et en lumière. *La Ferme* (nᵒ 13) est une étude assez ferme et de tons sobres. Dans le nᵒ 35 des blondins enfants bien sages regardent attentivement des images. C'est très simple et fort intéressant.

Le portrait de la Mère de l'artiste est recueilli comme il convient, c'est une belle œuvre (Whistler devint célèbre par le portrait de sa mère). En antithèse, *Le Berceau*, est d'une jolie couleur il semble rayonner d'espoir, et les *Poissons* (chers à Vollon) ont fourni à M. Kever l'occasion d'une belle page picturale.

Les fleurs sont moins dans sa *lessive* diraient les chanteurs ; ce genre « ariette » demande de la légèreté preste, une certaine élégance de pinceau souple, et notre peintre d'Amsterdam jouit d'une facture très grasse établie sur un dessin que je loue particulièrement.

HABERT.

Exposition d'Artistes Espagnols [1]

Quelques artistes espagnols, résidant en France, manifestent ici de façon très anodine.

Rien, dans les toiles qu'ils ont réunies, n'est caractéristique d'une tendance nationale ; rien non plus probant d'originales individualités artistiques. Tous ces peintres sont les dociles élèves de deux écoles extrêmes ; ils ont reçu en France des empreintes françaises, contre lesquelles ils étaient insuffisamment doués pour réagir.

Un bien petit nombre d'œuvres sont à retenir :

Soir d'automne, Marée montante, Rochers sur la grève, Chemin dans les genêts, des paysages que M Daniel Hernandez a vus et transcrits avec une délicate émotion.

Intérieur et *Etude*, par M. Marco del Pont.

Les *Portraits* de M. Firmin Arango, qui, de tout son pouvoir, serre les signes expressifs de la vie.

L'Allée des Vertus, Au café-concert, où M. Ysern y Alié a curieusement étudié les figures pour la valeur des taches qu'elles font dans l'ambiance lumineuse.

Au théâtre, par M. Jean Sala, où les figures sont modelées et nuancées, avec une bizarrerie non sans justesse, par l'éclairage éparpillé d'une salle de spectacle.

Les *Paysages* de M. Manuel Luque, hypothétiques décors, tout en silhouettes colorées, sans volume, sans profondeur, sans atmosphère.

L'intérieur mystérieusement frissonnant de *la Chapelle royale à l'Alhambra*, et les *Portraits* aux chairs souples, que l'atmosphère enveloppe et commente, par M. Mezquita.

Une pittoresque étude de vieux haillonneux par M. Ulpiano Checa.

Les *Paysages* aux lignes calmes, évoquant la sérénité antique, par M. Garnelo.

La robuste *Tête de Gitano*, par M. Ribera.

LÉON DE SAINT-VALÉRY.

Au Musée Guimet

Le Musée Guimet est un de nos trésors parisiens dans lequel on puise avec trop de discrétion. Je ne veux pas, par ce temps de cambriolage qui nous afflige comme les sept plaies affligeaient les Egyptiens bibliques, engager les voleurs des « Chasses d'Ambezac » à continuer leurs larcins aux dépens des religions orientales, moins attaquées peut-être que les occidentales religions ; je risque seulement une petite métaphore pour mon dimanche et invite les Intellectuels à visiter les intéressantes galeries de la rue Boissière et de la place d'Iéna.

Parallèlement aux Kakemonos offerts par M. Lebaudy et représentant, artistement peints à l'aquarelle, des femmes japonaises admirablement drapées en de somptueux costumes et, très curieux pour nous, casanières par force, Mme Peralté, voyageuse accompagnant son mari M. le docteur Peralté, a fait don au Musée d'une série de paysages, Vues de l'Inde, Ceylan, Thibet auxquels devraient s'ajouter, logiquement, certains paysages que je connais de J.-Jacques Rousseau et de Dumoulin, qui ont eu la bonne fortune du voyager aux frais de l'Etat et d'être exonérés des droits d'impôts énormes pour leurs bibelots importés.

Les tableaux de Mme Peralté offrent un grand intérêt artistique et documentaire ; exécutés sur place, ils fixent avec précision

<hr>

[1] Galeries Durand-Ruel, 11, rue le Peletier.

ce que la photographie ne peut rendre : l'impression et la couleur, ces deux facteurs essentiels qui constituent le charme et l'originalité des pays orientaux. D'autres esquisses, présentent les paysages déconcertants et grandioses de l'Hymalaya et du Thibet, aperçus inédits et sincères d'une contrée mystérieuse. J. H.

Nous admirons dans la collection docteur Peralté un vase en argent repoussé d'un grand attrait artistique. Il est de Birmanie et ses convexités sont ornées de scènes de chasse.

A Antinoë

Les récentes fouilles faites sous la direction de M. Albert Gayet, de la Commission d'Egypte, à Antinoë, capitale de la Thébaïde sous les empereurs romains et byzantins, devenue de ce fait résidence du délégué de Rome et de Bizance, ajoutent de nouvelles pièces très précieuses au Musée des Religions, documentées par les Nécropoles, notamment celles de Bésa antique cité dédiée à Bès, le dieu rénovateur, qu'on suppose avoir existé à la place où s'éleva Antinoë non loin du Nil près de la porte des thermes d'Adrien.

M. Etienne Charles, notre érudit confrère, assistait à la conférence faite par M. Gayet, qu'il nous permette de citer son très clair compte-rendu :

— « La *Porteuse du miroir*, expliquait M. Gayet à l'élégante assistance qui l'entourait, a encore le collier magique fait des fruits du sycomore, l'arbre enchanté sous lequel on retrouvait son cœur au cours du voyage dans l'Au-Delà. C'est ce collier qu'on voit aux prêtresses connues sous le nom de khémates et qui figuraient aux processions en l'honneur d'Isis. Le collier recevait l'effluve magique émané du dieu, le transmettait à celle qui en était porteuse et lui déléguait, en quelque sorte, la personnalité divine.

» Les processions auxquelles prenaient part les khémates escortaient l'image sainte, lors du « Lever » de la déesse, c'est-à-dire du transport de l'effigie sacrée au dehors du sanctuaire, après la célébration des matines d'Isis. Auprès de la morte étaient déposées les figurines favorites de son laraire.

» Tout auprès, se trouvaient une figure d'Isis-Vénus, une lampe funéraire avec l'image d'Eros, des instruments de bronze qui semblent avoir servi à des purifications, un godet à parfum et des plats de terre, sur lesquels on voit encore les débris d'un gâteau à base de miel.

» Le miroir était appliqué sur le visage et tellement serré par les bandelettes que le nez, comme vous le voyez, a été complètement aplati. »

Bès était confondu par les Grecs avec Hercule ou avec Bacchus, et l'Osiris-Antinoüs est une interprétation de Bacchus-Antinoüs.

On se rappelle que l'empereur Adrien (de 117 à 138) avait fait du bel esclave Antinoüs son favori.

« Le miroir servait aux magiciennes pour pénétrer les secrets du destin. La porteuse du miroir participait donc de la bacchante et de la magicienne. Comme la première était une sorte de courtisane sacrée, simple courtisane dans la vie courante, telle que celles dont les romans de l'Egypte antique nous ont révélé les curieuses aventures.

» Le miroir rappelle la légende de la destruction des hommes par les dieux. Ammon, mécontent de l'ingratitude des hommes, donne à Hathor, la déesse de la beauté, l'ordre de les exterminer. Elle baigna, disent les textes, ses pieds dans leur sang durant ces jours et ce sang recueilli dans neuf mille cruches, fut présenté au dieu pour l'apaiser. Mais Hathor, emportée par la violence, continuait à massacrer les humains, alors, Ammon fit répandre pendant la nuit le sang renfermé dans les neuf mille cruches sur la terre. Au matin, la déesse trouva la plaine inondée. Elle s'arrêta un instant pour se regarder dans le miroir que formait cette nappe liquide et oublia ainsi les hommes. Aussi le nom du miroir était-il, en égyptien, le nom même de la vie et se représentait-il par cette croix ansée qui était l'emblème même de la résurrection. »

Les corps enduits de bitume possèdent leurs viscères. Ce qui intéressera plus particulièrement les lecteurs de la *Revue des Beaux-Arts*, ce sont les portraits des défunts peints sur une toile stuquée ; suaire illustré très artistement, car les têtes sont caractéristiques et individuelles et les mains soignées expriment des gestes rituels. Ces suaires sont ornés en dehors du buste du personnage par une sorte de gaine analogue à la gaine des cariatides. Des semis d'ornements peints et parfois modelés en relief et dorés, de même que les doigts qui sont bagués, donnent de précieux documents aux ornemanistes et archéologues.

Le catalogue explique : « C'est le seuil du mystère qui a été ainsi évoqué, seuil du monde d'au-delà, dans lequel le défunt s'enfonce, seuil du paradis où les fresques des catacombes montrent l'accueil fait à l'âme ; seuil marqué par le portail d'église, dans le répertoire chrétien. »

Sur les suaires peints, pas trop mal conservés pour leur dix-sept cents ans, étaient posés des reliefs représentant le buste avec les mains ; cela est d'un intérêt archéologique très captivant. C'était d'après le rite de la cuirasse magique.

Une broderie représentant un aquarium avec divers poissons, et dessinée comme les plus réalistes observateurs japonais savent le faire, fut trouvée pliée sous la tête d'une des momies. Les Musées décoratifs de Lyon et de la Capitale y trouveront à glaner.

Une jambière de toile stuquée révèle sa présence, dans une arabesque dessinant des compartiments eurythmiques, d'une sorte de roi mérovingien très chevelu sous son bonnet triangulaire. Cet autoritaire s'appuie sur une épée à poignée démesurément grande. Des archers guerroyant ou chassant sont tissés dans les compartiments voisins.

Allez, lectrices et lecteurs, visiter le Musée Guimet, tandis que les Salons sont clos, en attendant la prochaine ouverture d'autres expositions, *Exhibition* comme disent nos amis les Anglais qui semblent montrer pour les peintres français admis à Londres, un amour... tout platonique. Hélas !

HABERT.

L'Exposition d'Amiens

L'exposition d'Amiens, dont il convient de louer tout d'abord la belle tenue, nous a permis de coordonner nos notes, nos souvenirs personnels sur quelques artistes dont nous suivons les travaux et les progrès depuis un lustre ou deux, et qu'on néglige parfois d'encourager à Paris, englobés qu'ils sont dans le nombre toujours grossissant des privilégiés.

Ce n'est pas qu'à Amiens, selon une coutume qui se généralise, on n'ait point fait appel à une imposante majorité de hors-concours, illustres à juste titre : Debat-Ponsan (je cite dans l'ordre alphabétique), Dupré, Gagliardini, Guillemet, Jules Lefebvre, Albert Maignan, Diogène Maillart, Rigolot, Tattegrain, etc. sont ici avec de belles œuvres, mais des œuvres cent fois vues et qui ne nous apprennent rien de nouveau, sinon que ces maîtres, que ces bons artistes sont toujours égaux à eux-mêmes. Et il nous paraît plus utile de rechercher et de mentionner leurs émules que de nous répéter dans la louange.

Procédant toujours par ordre alphabétique, qu'il me soit permis de vous parler du bon peintre Amell-Jorda; il n'est plus tout-à-fait dans les jeunes, et s'il n'est pas un inconnu parmi ses confrères, du moins il attend encore l'heure décisive du succès. Pourquoi?.. Nous avons vu autrefois de fort belles compositions de M. Jorda au Salon des Artistes Français, et il en est maintenant évincé sans raison, sans motif autre que celui du « bon plaisir »; ses deux envois de cette année, que j'ai eu l'occasion de voir à Paris, et qui ont été refusés, étaient remarquables à différents titres, voilà, me semble-t-il des choses qu'il est utile de faire connaître.

À Amiens, M. Jorda a envoyé une étude de *Seigneur Vénitien* qui rappelle la manière des bons maîtres de l'École de Séville, et un *Intérieur* (campagne de Catalogne) que je n'hésite pas à placer parmi les meilleures choses de l'Exposition, heureux s'il m'est permis de réparer un peu de criantes injustices.

M. Bergeret s'est spécialisé dans les petits tableaux qui empruntent à la lumière d'intérieur le meilleur de leur effet; sa pâte est onctueuse, souple et vivante, il fait parfois songer aux bons maîtres du XVIIIe siècle, et je n'ai certes pas la prétention de découvrir ce bon élève d'Isabey!

Les noms de MM. Gesbron et Bienvêtu arrivent ici fort à propos; c'est aussi dans des compositions où la figure est absente que brillent ces deux excellents peintres de fleurs; ce genre charmant exige des qualités de couleur et de modelé que ne soupçonneront jamais les mille amateurs qui l'ont vilipendé.

Parmi les aquarellistes, je citerai tout de suite, quitte à y revenir, une toile de M. Charles Brun, *Les Marais de Péronne*, qui réalise bien l'ambiance de notre contrée et qui est très sobrement peinte; de M. Camille Grégoire: *Les bords de la Sioule à Saint-Pourjain*, grand paysage bourbonnais, où les verts plantureux sont remarquablement justes et accordés.

(A Suivre) R. CHARLY.

Le Salon de Nancy
(Suite)

Cette année le Salon de Nancy renferme quelques portraits dignes de retenir l'intérêt. C'est tout d'abord celui de *Paul Déroulède*, par M. Gabriel Ferrier, dans lequel le grand patriote et le révisionniste apparaît dans toute sa vigueur. Il serait superflu de vanter les mérites de cette toile si sincère et si méritoire à tous égards. Le *Portrait de Mme la baronne D...* du même artiste est d'une correction à l'abri de toute critique.

M. Henry Royer, dont le pinceau est d'une délicatesse extrême de touche, affectionne les tonalités veloutées, un peu précieuses et savoureuses à la fois. Son portrait d'enfant est d'une distinction rare, quoique sa physionomie manque peut-être un peu de vie enfantine. Il est vrai qu'il joua au petit prince et qu'un tel rôle ne peut manquer d'effacer dans l'expression l'abandon naturel qui fait souvent le charme d'une figure d'enfant. Dans la section des dessins, le même artiste possède quelques portraits au crayon d'une facture exquise, ainsi que des études de têtes de toute beauté. C'est encore un peintre lorrain M. M. Schiff que nous féliciterons en toute sincérité du solide portrait qu'il présente. Cet artiste s'était jusqu'alors confiné dans la peinture délicate et précieuse, tandis que cette année il aborde son sujet avec plus de vigueur et de sûreté. Nous aimons aussi son *Intérieur lorrain*, d'une juste observation d'éclairage. Mme Apchié de Grézels expose un portrait de jeune homme très vivant et très expressif, de même que M. P. de Targy affirme sa manière si précise et si juste dans le *Portrait de M. H. S.* Signalons aussi un portrait de jeune femme assise dans une bergère de M. A. Nierling qui semble s'être souvenu de Marvet. Ce même artiste possède encore deux autres toiles de genre de qualités inégales, mais d'une conscience rare. Citons aussi le portrait nerveux du *lieutenant Bernardin*, de M. Philippe.

L'envoi le plus remarqué est celui de M. V. Prouvé, avec ses *Chemineaux*. Deux hommes d'un certain âge, dont l'un est âgé déjà, se reposent et songent. La physionomie de l'un reflète l'infinie tristesse, celle de l'autre exprime la réflexion et le regret. Ces deux miséreux apprécient l'un et l'autre leur destinée et attendent sous le ciel qui s'empourpre des derniers feux du soleil couchant, l'occasion assurant leur gîte pour la nuit qui approche. La facture de ce tableau est large et nerveuse, à la manière des grands maîtres de la peinture. Du même artiste voici un portrait de fillette d'une tenue, d'une vérité et d'une saveur incomparables, ainsi que celui d'un jeune enfant tout mignon et tout gracieux.

M. H. Blahay dans *Le Sommeil* nous montre une femme couchée sur le flanc, la chevelure rousse étalée sur les épaules, les jambes légèrement repliées, d'une parfaite tenue. C'est là un beau morceau, bien traité, dont les détails sont rendus avec fidélité et respect de la vérité. Nous aimons aussi un joli petit coin d'atelier privé le tout occupant où les coussins et les draperies révèlent leurs riches couleurs.

M. Zwiller continue la tradition Hennérienne dans un tableau intitulé *Rêverie*. Une jeune fille assise devant un harmonium rouge, un livre ouvert à la main, le regard perdu dans le rêve. L'harmonie générale de ce tableau est à remarquer ainsi que les heureuses combinaisons du coloris. *Blondinette* est une tête de jeune fille un peu maniérée. Le panneau décoratif de M. Vallin-Ilekking révèle le talent artistique de ce peintre dont les dessins sont également remarquables. Nous apprécions la tenue générale de ce panneau, tant au point de vue des masses distribuées avec goût que des tonalités bien balancées.

La tête de femme et l'étude d'enfant de Mme Séailles méritent mieux qu'une mention. S'inspirant de Carrière, cette artiste sait rendre avec personnalité les caractères des physionomies.

La tête de femme de M. Hondel est une exquise vision d'une jolie rousse se détachant sur un fond bleu. L'artiste ne s'est pas contenté de la tête seule, il nous invite aussi à jeter un regard gourmand vers une poitrine recélant des merveilles, si on en juge par le petit coin qu'il en laisse entrevoir. Les scènes de la rue de M. Petit sont toujours intéressantes à voir. EM. N.

(A suivre)

Société Artistique de Pontoise

L'Exposition annuelle de Pontoise, grâce au zèle de ses organisateurs qui ont su grouper et retenir un noyau intéressant d'artistes locaux et de fidèles associés, a obtenu cette fois encore un légitime succès.

Voici M. M. Bienvêtu, avec une étude de *Lilas* toute remplie des fraîches qualités habituelles à ce bon pleinairiste; Louis Clément, avec de fidèles notations des vertes campagnes normandes (Couville, Montsurvent, etc.): Eugène Damblans, qui demande à l'Oise le sujet de ses compositions pittoresques et lumineuses; Hillecamp, si divers, et toujours sincère, qu'il note les vieilles rues herbeuses de Pontoise, les carrefours animés de Paris, ou les hôtes familiers des ports de la Manche; Maurice Jourdain, non moins fidèle aux ciels du Croisic, aux rochers de Batz, où l'Océan glauque lui donne des horizons profonds.

Parmi les figuristes, sont à citer M. Cornier-Miramont pour une solide étude (portrait d'homme) et M. Ch. Royer, pour un *profil de blonde* aux carnations délicates. Enfin, de Mme Marie Lemaire, la meilleure aquarelliste de l'Exposition, notons des *roses*, des *violettes* et des *bleuets* que ne reniera pas M. Rivoire, son maître.

J. B.

L'Exposition de Sens
(Suite et Fin)

L'abondance des matières ne nous a pas permis de donner au complet, dans notre dernier numéro, le compte-rendu de cette intéressante manifestation.

Il convient de mentionner encore un très bel effet de soleil couchant sur la *Rade de Marseille et les Iles*, par M. D'Avignon, dont nous avons signalé, il y a quelques mois, la brillante exposition à Vincennes.

M. Victor Martin, qui a eu l'heureuse idée de s'isoler aux Sablons-Moret, nous a envoyé deux études savoureuses de cette jolie région en contraste avec un souvenir de *Chulles-en-Savoie* d'une très belle luminosité.

Le paysagiste Régnier-Mainfroy, qui a noté avec succès la poésie des soirs lunaires, a su montrer la diversité de ses moyens dans une étude automnale d'un très beau caractère; citons encore, aux dessins, les envois remarqués de Mlle Yvonne Marevery, un *Quai de Grenelle*, entre autres pittoresque et mouvant; de Mlle Marie-Louise Nérat, un éventail (roses) d'une délicate exécution, et de M. Wargoutz des fleurs et fruits groupés et peints d'une main savante.

VERSAILLES
55e Exposition des Amis des Arts
Suite et fin)

Signalons, de M. Amell-Jorda, deux tableaux fort intéressants, peints dans la meilleure manière de cet artiste distingué: *Pensive*, où l'expression et le sentiment — qualité du modèle et qualité du peintre — sont joliment exprimés, et *Lecture intéressante*, peinture de genre peu banale. Le *Coin d'atelier*, de Mme Louise Bergerot-Roblastre, atteste également un sentiment très personnel de l'intimité; de Mlle Marie-Louise de Blondel, il faut citer une étude de femme bien charpentée intitulée *Câlinette*, et *Sur la Porte*, qui est une notation heureuse et sincère.

M. Edouard Bourgeois a rapporté du Jura d'excellents croquis dont il a fait des pastels délicats et des aquarelles légères et fluides, ses *Vieilles maisons à Saint-Claude* sont à retenir.

Voici un *Portrait de jeune fille* et une étude de *Jeune Italienne*, par M. Cornier-Miramont tout-à-fait réussis, nous mettons ces figures parmi les meilleures de l'exposition; Mme Dorbec-Charvot, la miniaturiste bien connue, est ici avec un savoureux *portrait au pastel*; et Mlle Marguerite Jeanson ne souffre pas du voisinage de cette rivale expérimentée; M. Jules Hanriot, peintre apprécié des nudités chères à Corot, nous montre encore une *Faunesse* et une nymphe d'une exquise fraîcheur de tons.

M. Paul Kauffmann a aquarellisé avec brio, les scènes familières de la vie alsacienne: le *Cortège Nuptial*, l'*Heure du Lait*, et M. Maxime Miathe, dans le même métier, une *Cour de ferme en Seine-et-Marne*, ce sont là d'aimables souvenirs, de bons petits tableaux qu'il faut louer.

M. Munier-Robbes nous prouve de nouveau sa conscience dans une toile ravissante de fraîcheur et d'exécution qu'il appelle aimablement *Ma Cueillette*; M. Charles Quinet poétise des *Ruines* où des branches de chardons décrivent une arabesque capricieuse, c'est-à-dire bien composée.

L'*Oracle*, le *Sommeil*, du bon peintre Charles Royer ont retenu les connaisseurs par leurs qualités habituelles de facture et de couleur; citons enfin, de M. Wargoutz une *aquarelle* d'une tonalité très juste, et de Mlle Jeanne Simonnet une scène à *Paimpol* qui image à souhait le pays breton.

Aux dessins, M. Albert Legrand a su prendre une bonne place avec un fusain, *Etude de Nuit*, d'une exécution serrée et d'un sentiment très prenant. Aux Arts décoratifs un flambeau électrique, les *Algues*, de Mlle Blanche Laurent mérite aussi d'être signalé pour son originalité incontestable.

Informations

L'Académie des beaux-arts a décerné les prix suivants :

Prix Brizard (3.000 francs) à M. Louis Prat, pour son tableau *Sortie de Vêpres*, Salon des Artistes Français.

Prix Meurand (1.000 francs) destiné à un tableau d'histoire, est attribué à M. Charles Fouqueray, pour son tableau l'*Agonie*, Salon des Artistes Français.

Le prix Alphonse de Neuville (1200 francs) destiné à un tableau représentant des scènes militaires, est décerné à M. Henri Jacquier pour sa toile *Glorieux Bûcher*, Salon des Artistes Français.

Prix Leclerc-Maria Bouland (3.000 francs) destiné à récompenser un jeune peintre ayant obtenu une mention au Salon annuel, est attribué à M. Borgés, pour un *Portrait*.

Prix Maxime David (400 francs) destiné à un miniaturiste, est décerné à Mme Bernier, Salon des Artistes Français.

Sculpture. — Prix Eugène Piot (2.000 francs) à M. Paul Roussel, pour son groupe les *Tout-Petits* (enfants nus) Salon des Artistes Français.

Prix Desprez (1.000 fr.) à M. Achille Jacopin, pour sa statue, le *Linceul*, Salon des Artistes Français.

—o—

M. Dujardin-Beaumetz a visité la *Maison des Étudiants* et il leur a annoncé que le ministère des beaux-arts contribuerait pour la somme de 50.000 francs à la restauration de l'ancienne Faculté de médecine.

—o—

A l'Institut. — M. Chaineux, dessinateur de la Comédie Française, a commencé la lecture de son travail sur « le costume, la parure et l'armement des Grecs primitifs » qui passionne nos comédiens classiques.

Ce travail est également d'un grand intérêt pour les artistes peintres.

—o—

Le cinquième concours de fenêtres et balcons fleuris, organisé par la Société du Nouveau Paris est ouvert jusqu'au 14 juillet.

Secrétariat général, 30 boulevard de Latour-Maubourg, Paris.

Les récompenses, médailles et objets d'art, seront décernées à la fin de juillet.

—o—

Les Grandes ventes sont à peu près terminées M. Baudoin a encore obtenu 48.000 francs pour la collection de St-Amand, clôturant ainsi très dignement sa saison de début.

M. Loir-Dubreuil a également terminé ses vacations ; la saison des vacances est virtuellement ouverte jusqu'à l'octobre prochain.

—o—

Les Livres. — Le tome III de l'ouvrage que l'expert Loys Delteil consacre aux peintres-graveurs, sous le titre : *Le Peintre-Graveur illustré*, vient de paraître.

Ce volume, illustré de 170 fac-similés, est consacré à Ingres et à Delacroix, et renferme nombre de pièces reproduites ou signalées pour la première fois.

—o—

La distribution des Récompenses aux lauréats des Artistes Français, qui se faisait d'ordinaire le lendemain de la fermeture du Salon, a eu lieu cette année durant un après-midi de la semaine passée, alors que les visiteurs désireux de jeter un dernier coup d'œil sur l'exposition emplissaient les salles. Elle n'en a eu que plus d'éclat.

M. Dujardin-Beaumetz présidait, entouré de MM. Nénot, président de la société, Léon Bonnat, Carolus Duran, Laurent, Tony Robert-Fleury, Saint-Saëns, Harpignies, Flameng, Humbert, Maignan, de Richemont, Pascal, Léon Lhermitte, Georges Bergès, Coutan, Antonin Mercié, J.-P. Laurens, Paul Lefebvre, Verlet, Guillemet, Joseph Hail, etc., etc.

—o—

Morlaix. — L'affaire Yan d'Argent. — Le tribunal correctionnel de Morlaix a jugé hier l'affaire de violation de sépulture dans laquelle étaient impliqués M. Ernest Yan d'Argent, fils du célèbre peintre breton, et l'abbé Guirchach, curé de Saint-Gervais.

On se rappelle que, le 8 octobre, quand le fils de Yan d'Argent fit exhumer son père, il fit appel à l'abbé Guirchach pour détacher la tête du tronc la tête devant être mise dans une petite boîte et enfermée ensuite dans la chapelle.

Ernest Yan d'Argent a reconnu les faits : il a dit qu'il n'avait voulu qu'obéir aux volontés de son père. L'abbé Guirchach avait déclaré qu'il avait voulu simplement rendre service à Ernest Yan d'Argent.

Le tribunal a renvoyé les inculpés des fins de la plainte et sans dépens.

—o—

Le comité de la Société coloniale des Artistes français, présidé par M. Dumoulin, a attribué des bourses de voyages aux artistes suivants qui exposent à la Société nationale des beaux-arts :

MM. André Lenoir, auteur d'une belle statue, la *Vierge et l'Enfant* (souvenir d'Égypte) ; Robert Lemonnier et Fernand Olivier.

EXPOSITIONS A VISITER

PARIS

PARIS. — Exposition des décorations de l'Hotel-de-Ville de Malo-les-Bains, par A. Lecomte 55, avenue du Maine. jusqu'au 6 juillet, de 1 h. à 6 heures.

PARIS. — 43, boulevard Malesherbes, exposition G. Nicolet. jusqu'au 11 juillet.

PARIS. — Hôtel Le Peletier de Saint-Fargeau, Exposition du « Paris Romantique », jusqu'au 1er octobre avec conférences chaque vendredi.

FONTAINEBLEAU. — Au Monastère de Barbizon, exposition Pierre Thorel.

PARIS. — Coopérative artistique, 3, rue Laffite. Exposition permanente d'œuvres modernes.

BAGATELLE. — Exposition rétrospective organisée par la Société Nationale des Beaux-Arts, jusqu'au 15 juillet.

PARIS. — Exposition Gaston Latouche, chez Georges Petit, 8. rue de Sèze, jusqu'au 13 juillet.

PARIS. Musée Galliéra, exposition de la Parure.

PARIS. — Au musée des Arts Décoratifs, exposition de l'art théâtral organisée par l'Union centrale des Arts décoratifs, jusqu'au 15 octobre.

PARIS. — Galerie Félix Cavaroc, 10, rue de la Paix, exposition permanente de marbres statuaires d'artistes contemporains.

VERSAILLES. — 55e Exposition de la Société des « Amis des Arts de Seine-et-Oise », jusqu'au 5 juillet.

DÉPARTEMENTS

CHARLEVILLE. — Union artistique des Ardennes. Exposition jusqu'au 26 juillet.

MARSEILLE. — Exposition de l'Électricité (Section de Beaux-Arts).

BEAUVAIS. — Société des Amis des Arts de l'Oise. Exposition des Beaux-Arts jusqu'au 20 juillet.

NANCY. — Exposition annuelle de la Société lorraine des Amis des Arts, jusqu'au 26 juillet.

DIJON. — Société des Amis des Arts de la Côte-d'Or. Exposition des Beaux-Arts, jusqu'au 15 juillet.

BERGERAC. — Exposition internationale, jusqu'au 5 juillet, avec section des beaux-arts.

MONTPELLIER. — 21e Exposition de la Société Artistique de l'Hérault.

CALAIS. — Exposition Internationale avec section de Beaux-Arts jusqu'en octobre

TOULOUSE. — Exposition internationale de mai à septembre, section de beaux-arts.

AMIENS. — Exposition triennale des Beaux-Arts, jusqu'au 6 juillet.

ÉTRANGER

MUNICH. — Au Palais de Cristal, l'Association générale des Artistes allemands. jusqu'au 15 juillet.

LONDRES. — Exposition Franco-Anglaise, de mai à novembre 1908.

BADEN-BADEN. — Exposition annuelle des Beaux-Arts, au *Badener-Salon*, jusqu'au 30 Novembre.

EXPOSITIONS PROCHAINES

PARIS

PARIS. — Salon d'Automne, au Grand Palais, du 1er au 30 octobre. Dépôt des œuvres : peinture, gravure, dessin, les 7, 8 et 9 septembre ; sculpture et objets d'art. les 10 et 11 septembre. S'adresser au Grand-Palais, porte C.

PARIS. — Grand Palais des Champs-Elysées, Salon du Mobilier, de juillet à octobre (section des beaux-arts). S'adresser à M. H. Pairault, 3, passage Nollet, à Paris.

PARIS. — Concours d'affiches organisé par la Société des Petits Fabricants. Pour renseignements, s'adresser au siège social, 187, rue du Temple.

MELUN. — Société des Amis des Arts, Exposition annuelle du 8 au 26 juillet.

DÉPARTEMENTS

EPINAL. — Exposition de la Société Vosgienne d'Art, du 12 juillet au 30 août.

AUXERRE. — Exposition des Beaux-Arts, du 12 juillet au 31 août 1908. Dépôt des œuvres à Paris chez M. Robinot (50. rue Vaneau) du 9 au 16 juin. Envois directs jusqu'au 5 juillet, dernier délai.

Voir le Règlement dans notre numéro du 31 mai.

BAYONNE. — Exposition de la Société des Amis des Arts de Bayonne-Biarritz, du 25 août au 35 septembre. Dépôt des œuvres chez M. Robinot 50, rue Vaneau à Paris, jusqu'au 15 juillet.

Voir le Règlement dans notre n° du 24 mai.

BREST. — Société des Amis des Arts (salles du musée de peinture), Exposition artistique, du 10 juillet au 10 au 10 août. Voir le Règlement dans notre numéro du 24 mai.

EVREUX. — Société des Amis des Arts de l'Eure, exposition de peinture du 12 Juillet au 16 Août. Dépôt des œuvres à Paris, 15 au 20 juin, chez M. Navez, 17, rue de Maistre ; envois directs à Evreux, rue Victor Hugo avant le 25 juin.

Voir le règlement dans notre n° du 1er Mars.

GRENOBLE. — Société dauphinoise des Beaux-Arts, prochainement Exposition au Palais de l'Industrie, avec exposition rétrospective de l'œuvre de F. Ravier.

TOULON. — Exposition des Amis des Arts, en avril 1909. Pour tous renseignements, s'adresser à M. Gabriel Dragoon, secrétaire-général, 6, rue Picot, à Toulon.

NANCY. — Exposition internationale en 1909. Voir le règlement dans nos numéros du 15 décembre et du 26 janvier.

DIMANCHE 12 JUILLET 1908.

Le N° 25 Centimes

RÉDACTION : 29, Rue de Paradis, PARIS

Téléphone : 443-60

LA REVUE DES BEAUX-ARTS

Peinture — Sculpture — Architecture
Gravure — Musique

Renseignements Artistiques
Expositions — Concours

ABONNEMENTS pour la **FRANCE** { Edition ordinaire 10 fr. / Edition de luxe 20 fr.

L'édition de luxe contient chaque semaine des reproductions de maitres, hors texte.

ÉTRANGER : 20 fr. et 30 fr.

Il n'est pas accepté d'abonnements pour une durée moindre d'une année, mais le paiement peut être affecté trimestriellement.

L'abonnement est renouvelé de plein droit, faute de prévenir par lettre avant l'expiration. Les réglements trimestriels doivent être adressés en mandats à l'administration, au cas contraire les frais de recouvrement (60 centimes) sont à la charge de l'abonné. L'abonnement part invariablement des 1er Janvier, 1er Avril, 1er Juillet et 1er Octobre. La Revue ne parait pas du 15 Août à fin Septembre.

GAZETTE HEBDOMADAIRE
Fondée en 1830

Georges DRACK, Secrétaire

BUREAUX A LONDRES : 199, Piccadilly-W.

HENRY REVERS, Directeur

RÉDACTION : Jeudi et Samedi, 4 h. à 6 h.
SECRÉTARIAT : Lundi et Mercredi 2 à 4 h.

Administrateur, GEORGES RENE

RÉSULTATS FINANCIERS

auxquels sont intéressés nos
Abonnés

TIRAGES du MOIS de JUIN

PANAMA A LOTS

Le numéro 1.157.611 gagne
250.000 francs

Le numéro 1.582.377 gagne
100.000 francs

Les deux numéros suivants gagnent chacun 10.000 francs : 601907 — 82381.

Les deux numéros suivants gagnent chacun 5.000 francs : 1172323 — 1947405.

Les cinq numéros suivants gagnent chacun 2.000 francs : 643163 — 447073 — 503704 — 840000 — 804250.

Cinquante autres numéros gagnent chacun 1.000 francs.

VILLE DE PARIS 1898

Le numéro 17620 **gagne 200000 francs**
Le numéro 341631 **gagne 50.000 francs**
Les numéros 51039, 138427, 183807, 542452 gagnent chacun 10.000 francs.
Les numéros 58228, 211953, 300792, 370732 gagnent chacun 5.000 francs.

LOTS CONGO

Série 52811, le n° 7 est remboursable par **100.000 francs.**

Série 10079, n° 23, est remboursable par 1.500 francs.

BONS DE LA PRESSE

Le numéro 38755 gagne 10.000 francs.
Le numéro 376826 gagne 1.000 francs.
Les 8 numéros suivants gagnent chacun 500 francs :

29088	177212	203152	351122
167181	261506	302200	411715

Nous engageons nos abonnés à consulter les carnets-primes que nous leur remettons gratuitement, ces carnets comportant une liste de numéros qui leur offrent trente chances annuelles (pendant deux années) de gagner des lots de 500.000 francs — 200.000 francs — 100.000 francs, etc.

L'ART & LES ARTISANS

Il parait que l'Etat soutient activement les écoles provinciales,... c'est du moins ce que m'affirme un fonctionnaire intéressé qui me donne en exemple la ville de Dieppe, où les industries de l'ivoire et de la dentelle ont pris un nouvel essor grâce à un crédit spécial fourni par le budget des Beaux-Arts.

— Vous ignorez sans doute, en critiquant ce que vous appelez « l'art d'Etat », me dit ce pédagogue distingué, qu'un mot d'ordre a été donné aux inspecteurs de l'enseignement délégués aux quatre coins de France, et que nous avons pour mission *d'orienter les écoles d'art vers les industries locales.*

Voilà qui est bel et bien, l'on doit approuver, en effet cet état d'esprit d'apparence si favorable à la cause nationale, mais les encouragements officiels étant en réalité tout platoniques, force nous est de poursuivre la question en apportant des preuves.

Il résulte, d'une étude à laquelle je me suis livré en ces dernières années, que les subventions sont distribuées avec une extraordinaire incohérence ; cinquante pour cent de ces subventions obèrent le budget sans profit, les unes allant à des localités où l'enseignement artistique n'a pas fait un pas depuis un siècle, pour des raisons ataviques bien connues, les autres alimentant des institutions de troisième ordre que leur proximité avec les grands centres voue nécessairement à l'abandon.

Or, dans bien des cas, ces petites villes jouissent à peu près du même traitement que les grandes ; à St-Etienne, ville de cent cinquante mille âmes, la municipalité inscrit à son budget des beaux-arts une somme annuelle de 42.000 francs, le département et les chambres de commerce ajoutent à ce chiffre une subvention de 5.000 francs, et l'Etat, lui, n'intervient que pour 9.000 francs. On sent tout de suite qu'il y a disproportion entre l'effort apporté par la Ville, dont les nécessités sont grandes, et le chiche « encouragement » à la faveur duquel l'Etat entend imposer ses programes surannés.

A St-Etienne, ainsi que cela se passe partout ailleurs, et d'après l'ordre des choses établies, les élèves de l'Ecole des Arts industriels ne sont pas tenus de suivre l'échelle des cours afférant à la spécialité qu'ils ont choisie. Le choix de ces cours est laissé à l'appréciation ignorante du débutant, au bon vouloir des parents généralement pressés par le besoin immédiat d'en finir avec les études, d'autant que l'administration n'a pas encore songé à fixer un minimum d'années au terme duquel des diplômes et des bourses viendraient récompenser l'assiduité et le mérite.

Il s'en suit que nos écoles d'art ne peuvent plus prétendre à préparer des artisans, la plupart de ceux qui les fréquentent ayant déjà embrassé une carrière ! seule la nécessité qui s'impose encore à certains d'établir un plan, de jeter un croquis, d'esquisser un modelage les incite à venir puiser quelques notions indispensables, et c'est ainsi que sont pourvues aujourd'hui des industries où le côté artistique jouait autrefois un rôle prépondérant.

Nos industriels s'accommodent d'ailleurs assez bien de cet état de choses, depuis que la surabondance de la production et la préoccupation du plus bas prix sont venues primer la question d'art ; mais le rôle de l'Etat est-il de s'associer à l'incurie ? et croit-il qu'il fait bon usage des deniers publics en envoyant ses inspecteurs porter de bonnes paroles dans les provinces et couvrir de leur autorité d'abominables errements ?

Il est grand temps d'étudier le problème de l'apprentissage artistique et de le résoudre, il faut faciliter le perfectionnement des jeunes gens qui se signalent dans les cours de dessin élémentaire, d'abord au moyen de subventions durant la période des études, ensuite en assurant aux professionnels des débouchés dans les industries d'art locales, enfin *en les maintenant dans ces industries* par des commandes judicieuses et équitablement rétribuées.

Il n'est pas d'autre remède à la grande erreur de ce temps-ci qui a poussé la jeunesse vers la carrière décevante, improductive de « l'art pur ». Différents moyens s'offrent à l'Etat pour réaliser ce programme, nous les examinerons prochainement.

Henry REVERS.

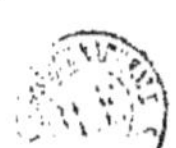

LA SCULPTURE [1]

A LA SOCIÉTÉ DES ARTISTES FRANÇAIS

(Suite)

M. Claudius Marioton a deux œuvres très captivantes : *la Gloire*, suave figure féminine au mouvement large, aux lignes vibrantes, suggérant l'effort accompli, l'action haute révolue ; et *la Canne*, fragile sceptre, symbole de grâces à jamais abolies, tenu droit par une impertinente marquise, que son manteau de cour drape comme une pourpre royale...; une petite chose très mélancolique, en somme, comme tout rappel de ce qui fut de la beauté, et ne sera plus jamais.

Par le type hautain, par le geste impérial, M. Théodore Rivière a concédé à son *Bacchus* une majesté presque religieuse de vie sensuelle, d'instinct divinisé.

De M. Vermare sont : *Printemps*, fin visage rêveur, dont la quiétude est démentie matériellement par les remous violents de la chevelure ; et trois petits bronzes à cire perdue, esquisses hardies dont les silhouettes sont intéressantes.

L'Amour endormi, de M. Cordonnier, est, pour le rapport de sensation d'un dessin adouci, sans lignes de cernures.

On prend de fines sensualités visuelles à *Muse des Eaux*, aux lignes onduleuses évoquant des courbes de vagues, et au *Pêcheur* dont le geste se règle sur d'immémoriales habitudes par M. Eugène Marioton ; *Vigilantia* de noble allure, par M. Louis Moreau; *Halte*, sobre croquis de bronze, par M. Guillemard : *le Retour*, de M. Jorel ; *Danseurs*, de M. la Monaca ; *Bustes* et *Statuettes*, de M. Chauvet; *Portrait de Mlle A. P.* et de sa poupée par M. Véron : *le Repos*, de M. Iselin; *Retour*, de Mlle Debayser : *Rêverie*, de M. Saget ; *Le Vent*, de M. Sabatté : quatre *études* en bronze, de M. Dussart : *Douleur*, de M. Debut ; *Cavaliers marocains*, de M. René Choquet.

Harmonie et *Dante*, par M. Lemaire, sont deux statuettes œuvrées en minéraux précieux qui, malgré la part prépondrante attribuée à la facture, gardent l'accent de vie, large et idéalisé, des belles images créées par l'exquis XIIIe siècle.

Le *Buste Louis XVI* et l'*Orage* ont cette grâce flexible de lignes que sait écrire dans toutes ses œuvres M. Lucien Hercule.

Dans *Satyres* et *Oies*, de M. Daillion, les mouvements, nombreux, divers, s'accordent cependant en un agréable ensemble.

Parmi les portraits, qui sont multitude, nous nous sommes plu à voir ceux-ci : *M. Hennion*, *M. Fournol*, *Mme J. T.* que M. Moreau-Vauthier détermine strictement par les particularités de l'allure ; *le peintre Carolus Duran*, *M. Camille Barrère, ambassadeur de France à Rome*, caractérisés avec netteté par les lignes de silhouette, par M. Piron ; *Mlle Véra Vinidoff, de l'Opéra*, de vie simple et vraie, par M. Tourgueneff ; *le commandant R. P.* par Mme de Loubens-Pichon ; enfin, de M. Haseltine, qui expose aussi un *Polo* de belle animation, *le portrait équestre de M. Aimé Morot* : c'est une œuvre aux sensations très finement différenciées, laissant malgré le réalisme puissant du cheval, toute l'importance à la figure du cavalier ; figure vivante et pensive, dénonçant l'intellectuel, dans une fortuite action sportive qui ne l'accapare point.

Une jolie, et un peu perverse poésie

païenne et antique est dans le *Baiser d'amour* et la *Première flèche*, deux groupes très étudiés par M. Auguste Moreau.

M. Mathurin Moreau a envoyé l'*Echo*, une nymphe aux formes de beauté, impeccablement transcrites.

La Défense du sol, par M. Grouillet, est une statuette d'homme dont la robuste musculature est savamment mise en valeur pour un sens allégorique.

M. Roger Bloche, qui expose, en bronze, un mélancolique bouquet de roses agonisant sur une pierre de tombe, a aussi un très naturaliste *Flirt* aux fortifs : *Le Tigre et Coquelicot* échangeant, sur la mollesse des gazons urbains, de menus suffrages. Et c'est là une curieuse application d'art pour le peuple.

M. Grégoire Calvet a cinq *Statuettes en terre cuite représentant les travaux des champs*, qui sont de larges symboles humains, les éternels gestes de la glèbe étant ceux essentiels de la vie.

LES ANIMALIERS

M. Gardet expose deux groupes de *Cerf et Biches*, destinés à la décoration de la porte Dauphine. Etudiées selon la réalité, les attitudes de ces groupes manquent des concordances linéaires, qui en eussent constitué un ensemble architectural. Les poses, variées, composées d'un grand nombre de lignes, donnent l'impression du mouvement ; elles sont, par conséquent, totalement en désaccord avec leur destination ornementale, qui eut exigé des profils calmes, des masses, toutes choses inférant la stabilité.

Dans *Famille de mouflons à manchettes* et *Gazelle dorcas d'Abyssinie*, M. Valton a représenté la bête libre, exprimée par le jeu puissant et précis de sa machine musculaire, dont l'action accidente pittoresquement le derme.

Une scrupuleuse observation est dans *Lion et Lionne* de M. Riché ; *Buffle de Kérabon* et *Mehariste en vedette*, de M. Navellier; *Chien courant* de M. Loyseau ; *Jaguar*, de Mlle Hyatt; *Chiens de berger et de police*, par M. Virion : *Le réveil du Lion*, par M. Waldmann : *les Favoris*, *Dogue de Bordeaux et Basset*, intéressante étude de gestes animaux, par M. Hierholtz.

Très souples et musclées, les *Biches Sika*, de M. Christophe, groupe au repos qui laisse pressentir la détente rapide du bond.

D'une grande impression est le *Lion*, de M. Lecourtier, foulant la colossale tête mutilée d'un Osiris, dans les solitudes reconquises par la bête.

Les *Chiots* de M. Vacassin sont extraordinairement vivants, montrés dans des postures de vérité physiologique, qui sont aussi comme les indications de caractères particuliers. Rien de vrai et d'amusant comme les airs circonspects et effarés de ces frimousses animales en présence de ce drame inattendu : l'apparition d'un rat près de leur écuelle à pâtée.

Le *Groupe de chiens* de M. Perrault-Harry est établi par grandes masses, avec un sens très averti de la décoration.

Le vieux mâle (bison), par M. Joris, est un amas de muscles, de cuir, de toison, puissant et lourd, traduisant bien, dans sa forme vague, tout l'obscur qu'est pour nous la vie animale.

Coq et Poules et *Chat*, par M. Tarrit, sont très habilement stylisés par l'accentuation des lignes qui totalisent les directions du mouvement.

LÉON DE SAINT-VALERY.

Salon des Artistes Français

LA PEINTURE *(Suite)*

Le pastel de M. Scalbert est heureux dans les caresses qu'il prodigue aux formes rebondies de la petite « Coquette » en chemise de fin linon si aimablement transparente. A ceux qui aiment les formes aux minceurs d'ascètes nous recommandons l'autre « Coquette », sujet gai pour un artiste qui donne son adresse : Rue de la Tombe-Issoire.

Dans l'art cher à Perronneau et à Rosalba-Carriera, une « Jeune femme », de M. Roberty, lequel expose aux regards des amateurs de la peinture à l'huile Mlle « Nonchalance » flânant avant le *tub*, une tige de rose entre les dents. M. Méricourt, éditeur, reproduit sa juvénile gracilité dans le Nu au Salon, texte de A. Germain dont nous citons ces lignes : « A une époque si riche en floraison de talents divers et magnifiques, si propice à toutes les libertés et à toutes les originalités, nous voyons au Salon se manifester d'heureuses et admirables interprétations du Nu et de la Beauté. »

Le Nu et la Beauté peuvent parfois faire mauvais ménage si l'on en croit un tableau (médaillé d'une deuxième s. v. p.) où, dans une belle ambiance et une juste perspective, Mlle Rondenay présente en liberté un modèle qui perd ses charmes en quittant son corset.

Tout à côté M. Rousseau-Decelle, avec « Le posage d'Auteuil », gai, pimpant, ensoleillé, (la Vérité par un galant optimiste) n'a rien obtenu. Cette toile décèle pourtant le talent d'un Hors-Concours.

Comme la vie réserve des surprises ! J'ai connu Sisley pauvre et sans gloire. On vend aujourd'hui ses paysages très cher et je vois à la Sculpture : Fragment du Monument Sisley. Dédain en deçà, Engouement au delà !

« La mort de Pétrone et d'Eunice », scène tragique tirée du « Quo Vadis » a donné à M. Makowsky, artiste de beaucoup de talents (compositeur, dessinateur, coloriste) l'occasion de rééditer ce proverbe : « Qui trop embrasse, mal étreint. » Les diffusions d'oiseaux détails prolixes détournent l'attention de l'angoissante mort d'Eunice et de Pétrone.

Les « Chansons de Bilitis » seront très harmonieusement illustrées par la mince de plomb légère de Collin Raphaël, qui distrait du recueil pour nous charmer une « Danseuse aux crotales » et « Volupté », de gestes exquis.

Les robustes et savoureuses œuvres de Vayson chantent toujours la chanson des cigales enivrées des rayons d'un resplendissant soleil.

Le décorateur Moreau-Nérel symbolise pour la Ville de Paris « Le sens de l'ouïe » et nous fait entendre l'harmonie dans la peinture.

M. Mosplés a noyé avec sa « Baigneuse » le plus mauvais des nus pour complaire aux sénateurs chastes.

> Ah que l'amour est agréable.
> Il est de toutes les saisons...

dit un refrain, peut-être de Béranger ? Pour le plafond d'une salle à manger préfectorale M. Auguste Mongin fait plafonner des amours-fleurs, des amours-fruits, des amours-sens.

« La Musette » (Lenoir pinxit) est reproduite sur la couverture du *Monde Illustré*, en rose, et aussi sur celle de l'*Illustration*, en polychromie ; le modèle est avenant.

M. Paul Chabas habille cette année les trois gamines graciles qui prenaient leurs ébats dans l'eau l'an dernier. Elles reviennent en barque et se font des formes pour un prochain déshabillage.

En bateau vogue toute une jeunesse en liesse vers le cabaret « A la joie de vivre », titre alléchant imaginé par M. Deuilly, auteur d'un deuxième tableau « Doux parfum », dans lequel deux amoureux subodorent l'arôme des fleurs de Vénus.

Si le Diabolo du talentueux peintre Kowelski est un portrait, je n'y dois point toucher, si c'est simplement une adolescente mignonne donnant un mouvement inhérent à ce jeu captivant et gracieux, je suis heureux d'ajouter ma gerbe de compliments à ceux que l'auteur heureux de « Matinée d'Été » a reçus déjà. Et pourtant n'ai-je pas entendu grincer la langue de Béchamède, un gâcheur à la truelle exposant... le long du mur : « Enseignes de parfumeurs... confiées aux bons soins de chromistes patentés ! » Mais José Frappa fils écrit... « A notre époque la jeune école voit obstinément laid et grossier »...

Tandis que quelques théâtres recèlent encore de rares comédiennes adulées, croquons une note sur l' « Entr'acte » de M. Avy. La belle sourit dans sa loge où sont pendus jupons légers, lourd chapeau près d'un énorme bouquet qui gît à terre; la diva est étendue sur une chaise longue à damas diapré, la soyeuse chevelure blonde est par une raie séparée en deux volumes inégaux : un côté reçoit les baisers des jeunes, l'autre est baisé par les notables...

...Et par un habil artifice nous voyons dans le miroir placé derrière la charmeresse « les vieux du Présent et les jeunes d'Avenir », s'incliner et présenter leurs hommages. La belle sourit.

* *

Mais la troupe applaudie s'envole vers les Casinos, les arbres étendent langoureusement leur feuillage très vert que la chaude haleine de Juillet balance pour bercer notre sieste alanguie.

La poussière soulevée par les autos et les cycles nous attire sur la route d'où l'on dévale vers les plages.

¡O nostalgie de la mer !

* *

Entre trois coups de pinceaux et deux coups de pédale, le critique d'art en vacances adresse à ses belles lectrices et amis lecteurs quelques notes écrites avec une plume tombée de l'aile d'une blanche mouette ; de Primel-Trégastel aux roches fantastiques les mouettes parcourent l'air léger jusqu'aux bois fleuris de Carantec, où le chant des oiseaux multicolores oppose son harmonie très douce aux augustes symphonies de l'océan.

Le peintre et la Muse, loin des strideurs de l'estivale foire de Neuilly, loin du brouhaha des enceintes du Pesage où s'agitent les jockeys versicolores, le peintre et la Muse, isolés dans la Nature enchanteresse, rêvent dans un parc de sable blanc.

Assis devant un idéal rideau d'arbres dont les feuillages légers semblent par cette admirable soirée exhumer l'âme bucolique de Corot, qui jamais ne peignit plus radieux paysages, le peintre goûte enfin l'arôme des tilleuls qui alterne avec le parfum de l'herbe humide et l'haleine aphrodisiaque des foins coupés.

La mer s'est heurtée au formidable château du Taureau et elle déferle étrangement dans le voisinage des arbres. L'eau brille en teinte verte très claire et légèrement soufrée ; l'horizon lointain, vers St-Pol-de-Léon aux gothiques clochers des siècles de Foi, est violet ; le ciel monte intense en rouge feu et s'épanouit en vibrations lumineuses. L'or et l'azur assoupis vibrent encore comme un souvenir du zénith de midi; les tons empourprés de l'astre se reflètent en teintes adoucies aux bords des nuages languides, comme une espérance d'aube prochaine.

Le jour fut très long, mais les étoiles, petits soleils lointains, versent les larmes de clarté sur l'azur éthéré de la nuit proche.

Des feux s'allument dans la campagne pour relier le couchant à l'aurore ; les cloches tinlent dans toutes les chapelles dont les clochers veillent les cimetières fleuris.

Et les danses commencent — après les prières — au son du corne-bouc sonore ; la foi s'éveille en des rires bruyants, devant les jeux symboliques de la St-Jean....

HABERT.

ECHOS

Le Centenaire de la Lithographie. — Il y a aujourd'hui cent ans que le comte de Lasteyrie installait en France le premier établissement lithographique. A vrai dire, l'invention est due à un Allemand, Aloys Senefelder, qui avait observé que les pierres calcaires ont la propriété de retenir l'empreinte de l'encre grasse et de la transmettre au papier fortement pressé sur leur surface lisse. Mais ce fut le comte de Lasteyrie qui rendit cette invention vraiment pratique, et le premier il l'employa à la reproduction du dessin.

En 1818, M. Paulmier se servit de la lithographie pour reproduire des cartes géographiques ; l'année suivante un industriel, M. Haussmann, l'utilisa pour les impressions sur des étoffes de soie, de laine et de coton.

On sait que la lithographie s'est vulgarisée depuis lors et combien nombreux sont les artistes qui s'y sont illustrés: Gavarni n'a pas laissé moins de deux mille dessins lithographiques, et Daumier nous en a donné près de six mille.

—o—

L'Eclairage des tableaux. — Un fait a récemment frappé tous les peintres lorsque l'*Olympia* a été transportée de la petite serre du Luxembourg dans l'énorme chambre claire de l'Ecole française au Louvre : l'œuvre de Manet, peinte en rose et en jaune, a paru soudain bleuir.

Il y aurait des études très délicates à faire sur ce sujet, et nous nous verrons un jour dans la nécessité d'en préciser le résultat. La vision diffère en effet d'un peintre à l'autre, par raison physique ; les blonds, dont la choroïde peu pigmentée absorbe moins aisément les rayons bleus, percevront les rayons violets d'une toute autre façon que les peintres des écoles italiennes, riches en pigments, et la peinture violette est septentrionale.

Ceci nous mène directement à l'étude des yeux plus ou moins fermés à certaines couleurs, et qui renforcent par conséquent les autres, c'est-à-dire aux rapports du daltonisme avec l'impressionnisme.

—o—

L'Histoire et la légende. — Il vient de paraître (librairie Daragon) un intéressant ouvrage sur Benvenuto Cellini, ce curieux artiste qui était aussi un des plus fieffés sacripants de l'époque Renaissance.

Il n'est point à dire qu'on l'ait calomnié, car il s'est donné la peine d'écrire lui-même son histoire et il l'a si bien écrite qu'Alexandre Dumas l'a fait figurer dans le cycle de ses romans. Cellini était avant tout un homme de cape et d'épée, il a été mêlé aux plus étranges fortunes, dix fois il mérita la corde, mais son audace et son talent le protégèrent ; et il échappa par miracle à une fin ignominieuse.

Le comte Henri Delaborde a dit de lui : « Entre autres habiletés, Benvenuto Cellini a eu celle de se faire passer pour un artiste de premier ordre. »

En effet, ce spadassin matamore doublé d'un écrivain finit par s'imposer comme l'un des plus grands artistes de son époque, et les biographes de son temps n'ont point osé lui donner de démenti par crainte sans doute d'être frappés d'un coup de poignard au coin d'une rue.

Le sacripant possédait en réalité une prodigieuse adresse de main comme orfèvre et comme joaillier, encore ne faut-il pas trop le surfaire ; pour tout homme de goût, par exemple, ses fameuses salières sont des œuvres d'un mince mérite et d'un arrangement dépourvu d'élégance. Quand il reste dans les données fines et délicates exigées par les petits objets, il a de l'invention, un faire délicat, mais il n'est plus permis de le suivre lorsque, de ses propres mains, il se couronne « statuaire à l'égal de Michel-Ange. »

—o—

Le Salon des Refusés s'organise au Petit-Palais, on y verra notamment une œuvre de Delacroix *Hamlet et Horatio*, qui fut refusée en 1836, tandis qu'en 1837 *l'Avenue des Châtaigniers*, de Théodore Rousseau, n'obtenait pas davantage de succès. Refusés encore — quelques années plus tard — *la Tentation de saint Jean*, ainsi que le groupe de *La Mort et le Bûcheron*, de Millet.

Rappelons à ce sujet qu'à la suite des décisions du jury du Salon de 1863, qui avait refusé les envois de Whistler, Chintreuil, Cazin, Fantin, Manet, il y eut dans les ateliers quelque tapage ; des listes de protestation circulèrent et se couvrirent de signatures. Une délégation d'artistes se rendit aux Tuileries, et Napoléon trouva si exagérées les prétentions des « officines » qu'il autorisa l'ouverture d'un « Salon des Refusés », voulant ainsi, selon son mot, permettre au public « de juger entre le jury et les victimes. »

Rien n'est nouveau sous la calotte des cieux!

—o—

Aux Salons. — Ce que chacun dit de soi : « Moi je n'ai rien demandé, mais *ma médaille*, paraît-il, *s'imposait!* »

Ce que chacun dit... des autres :

« Encore un ou une qui a honteusement quémandé la médaille que son balayage de tons anémiés *n'imposait pas!* »

(Le Phonographe).

L'Exposition du Palais-Salon

Me Henri Coulon ne se contente pas d'être une des gloires du barreau parisien, il est aussi un peintre d'un sentiment très délicat; il a fondé une Société artistique sous le titre de « Palais-Salon », dont la troisième exposition (ouverte en juin dernier) contenait d'excellentes choses.

La pléthore annuelle des expositions parisiennes ne nous a pas permis encore de publier nos notes, et il est un peu tard pour causer longuement de l'exposition des membres du Palais. Citons toutefois — à côté des envois de Me Coulon où nous avons trouvé une poétique expression des sites de l'Indre et de la Creuse, — des panneaux décoratifs de M. Paul Berthon, conçus dans un bon style, des marines pittoresques de M. Henri Bertardeau, des paysages bien établis par MM. Roger Allou et Georges Duval, des portraits vivants par MM. Edgard Bouillette et Paul Manceau; ces artistes sont d'ailleurs connus du grand public qui les a rencontrés souvent dans les Salons de la Société Nationale et des Artistes Français.

Parmi les avocats consacrant leurs vacances à la peinture, et que nous voyons ici pour la première fois, il convient de retenir les envois de Me Rivière (le parc de Bagatelle), de Me Louis Lemercier (les Tuileries) et de Me Paisant, quelques bonnes études ou natures-mortes.

En résumé, cette petite manifestation a démontré que l'art de peindre possède d'excellents adeptes au Palais, et qu'un temps viendra où il faudra compter avec l'intéressant groupement constitué par Me Coulon.

GEORGES DRACK.

LEON RIOTOR

Secrétaire Général de la Société "L'Art à l'Ecole"

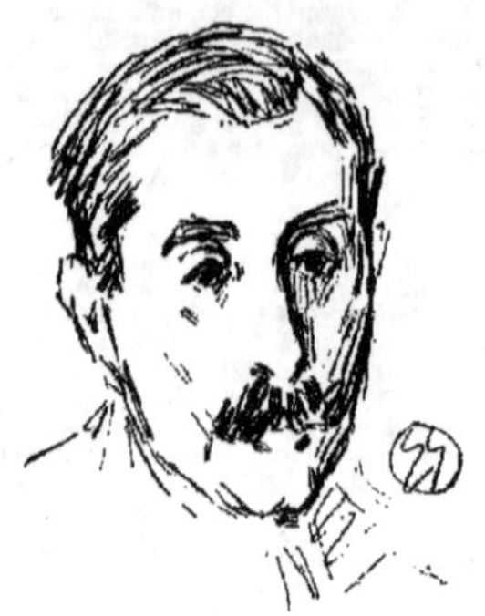

CROQUIS D'ÉDOUARD SAUNIER.

Poète, romancier, critique d'art, Léon Riotor a publié de nombreux volumes et collaboré activement à une infinité de journaux et de revues. C'est un travailleur, un érudit de l'art moderne, et c'est à ce titre que le ministère des Beaux-Arts le chargea d'une mission en Belgique du plus haut intérêt, ayant pour but d'étudier les progrès de l'art à l'école par l'imagerie scolaire.

Membre de la plupart des grandes associations littéraires et artistiques, Léon Riotor a été appelé au comité de la Société des gens de Lettres, de la Société des poètes français, de l'Association des Critiques littéraires, etc.

Aucune des manifestations des lettres et des Arts ne laisse le critique qu'est Léon Riotor indifférent, et sa plume sagace est experte à les analyser et à en extraire les idées générales. Nous avons parlé, au moment où ils ont paru en librairie, des deux volumes *Les Arts et les Lettres*, réunion des articles si documentés, si précis et si justes que l'écrivain fait paraître régulièrement au *Rappel*. C'est un recueil de sensations intimes, quelquefois aiguës, parfois rêveuses, notées par un maître styliste, fidèle à la sobre et pleine phrase classique.

Des amitiés illustres ont toujours entouré Léon Riotor : on en peut juger par les noms des auteurs qui souvent préfacèrent ses volumes : Renan, Ledrain, Geffroy, Uzanne ; des artistes qui les illustrèrent : Puvis de Chavannes, Rodin, Grasset.

Parmi ses volumes, citons : *Le sage Empereur, le Pêcheur d'anguilles, Fidélia, Jeanne de Beauvais, Agnès, l'Ami inconnu, Le Pressentiment, le Pays de la fortune, la Vocation merveilleuse, le Piédouche, les Raisons de Pascalin, Noce bourgeoise, les Enfers bouddhiques, le Parabolain, le Sceptique loyal, sur deux Monarques des lettres, des Bases classiques allemandes, Essai sur Puvis de Chavannes, le Mannequin, Auguste Rodin*. Enfin une étude remarquable sur Carpeaux, statuaire, pour laquelle l'écrivain s'est transporté à Valenciennes, lieu d'origine de l'artiste, et où il a recueilli avec un soin scrupuleux tous les documents qui, réunis avec intelligence, font la base solide sur laquelle s'érige la silhouette que le biographe a pour mission de rendre non seulement visible, mais pour ainsi dire tangible et vivante.

Depuis deux ans, Léon Riotor se consacre exclusivement au problème de *l'Art à l'Ecole* dont il a eu le premier l'idée généreuse, et qui est aujourd'hui en voie de réussite complète grâce à l'appui effectif de M. Couyba, sénateur.

« La Société nationale de l'Art à l'Ecole, nous dit très justement Léon Riotor, paraît à son heure, elle inaugure le mouvement attendu. Les premiers essais, presque sans argent, sont concluants : deux sociétaires, MM. Georges Moreau et Quénioux, choisissent deux classes de l'Ecole alsacienne, rue Notre-Dame-des-Champs, lavent les enduits, qui par bonheur sont vert d'eau, tamponnent une frise au pochoir, disposent des fleurs sur les fenêtres, quatre estampes au mur — des estampes en couleurs encadrées harmonieusement — au lieu du fatras poussiéreux qui s'y accumulait. Et il n'en faut pas plus pour transformer l'esprit des élèves, la chose est si évidente qu'il se trouve aussitôt des imitateurs — MM. Roger Allou et Maréchal au huitième arrondissement, M. Viot au onzième, MM. Pierre Morel et Claës au douzième, demain M. Quentin Bauchart dans le quartier des Champs-Elysées. D'autres suivront. C'est une fièvre commune à laquelle se mélangent les aspirations les plus variées. »

L'ART DÉCORATIF

XXVI

Il serait vraisemblable d'affirmer qu'une anarchie de pensée et de conduite règne dans nos divers milieux à propos de ces sujets complexes. Au lieu de se concerter et de coordonner leurs efforts, nous voyons trop souvent nos divers groupes artistiques affirmer isolément des idées analogues mais toujours incomplètes ; il s'en suit fatalement que nous ne pouvons obtenir de résultats pratiques et *généraux*.

D'autre part, des personnalités isolées s'immiscent dans la question et augmentent la cacophonie en proposant des solutions partielles qui ne touchent le plus souvent qu'une seule partie du problème à résoudre.

Mille solutions de détails, mais aucune donnée méthodique sur l'ensemble, tel est le bilan des campagnes et polémiques les plus récentes.

J'apprends, sans d'ailleurs en éprouver autrement de surprise, que notre bouillant confrère Jacques Dhur a sagement restreint le domaine d'action de sa fameuse association : il part en guerre maintenant *contre les faussaires*, et aspire seulement à créer un un organisme capable d'authentifier les œuvres d'art, de façon à défendre les droits d'auteurs de nos artistes. Dans la voie qu'il suivait un peu aveuglément hier, je me suis permis de rappeler à M. Jacques Dhur qu'il eut des prédécesseurs ; je m'autorise aujourd'hui à lui indiquer de nouveau qu'il existe sous ce titre une association bien vivante : le « Syndicat de la Propriété artistique » ; que cette organisation fondée en 1890 ne demande qu'à se développer, et qu'elle souhaite de grouper tous les artistes soucieux de solidariser leurs intérêts pour une défense efficace et pratique de leurs droits.

Mais à ce sujet, l'esprit anarchique qui préside à tous nos actes depuis plusieurs années, permettra-t-il de concevoir cette solution si simple, consistant à développer un organisme *existant*, lequel comprend déjà un grand nombre d'artistes associés ? Ou, au contraire, va-t-on continuer à multiplier sans raison les petits groupes, les petites chapelles, parcelles embryonnaires et inutiles, le plus souvent organisées par des personnalités plus assoiffées de réclame personnelle que d'obtenir des résultats réellement utiles à tous ?..

Un exemple de l'incohérence qui sévit à l'heure actuelle nous est d'ailleurs fourni par l'anecdote suivante : Ces jours derniers se réunissait à Paris l'*Union Provinciale des Arts Décoratifs*, fondée au Congrès de Besançon en 1907. Nos lecteurs ont été entretenus de l'initiative prise par cette organisation nationale de décentralisation, de cette fédérative qui a fait des pas de géant depuis l'an dernier, et dont le but est de grouper, de susciter les initiatives régionales d'où ressortira l'Art du terroir et les Industries locales.

Ces industries étant totalement disparues, ou tout au moins fort anémiées, l'*Union Provinciale* a entrepris de ranimer les anciens centres artistiques de France ; elle entend en outre réorganiser les professions sous une forme moderne en cultivant l'amour de l'Art dans les Métiers reconstitués. C'est une œuvre considérable, d'un intérêt national indiscutable et indiscuté, et l'*Union* doit compter sur le concours dévoué de toutes les personnalités artistiques ou industrielles.

Donc, assisté de notre dévoué Secrétaire Général, M. Chudant — lequel depuis deux années se dévoue sans hésitation — j'ai accepté la mission qui m'a été confiée, et qui consiste à formuler à M. Dujardin-Beaumetz notre vif désir de voir le Ministère des Beaux-Arts officiellement représenté au congrès que l'*Union* organise exceptionnellement à Munich, en août prochain.

Je pensais rencontrer auprès du Sous-Secrétaire d'Etat non seulement un bienveillant accueil, mais encore une acceptation toute spontanée, quasi-enthousiaste ! Je pensais que cet appui moral et officiel que nous sollicitons des Pouvoirs publics était légitimé par le rôle et l'importance de notre but ; or, nous fûmes reçus certes avec cordialité, mais l'enthousiasme m'a paru faire totalement défaut : « l'absence de budget spécial » fit tous les frais de la conversation ministérielle. Et je songeais en sortant que probablement un délégué ministériel devait avoir besoin d'un budget important pour remplir sa mission et que l'on ne pouvait pas comparer ce budget à celui de nos artistes qui, bien que peu fortunés, trouverait cependant le moyen d'assurer le succès de cette initiative privée, dont la création fut si souvent réclamée par les Pouvoirs Publics eux-mêmes.

J'avais bien, il est vrai, suggéré à M. Dujardin-Beaumetz, l'idée simplette de mandater l'un de nos congressistes capable de représenter *gratis pro Deo*, et très honorablement, le Ministère si parcimonieux de ses deniers ; puis je me pris à songer que le *Congrès de l'enseignement du dessin* qui se tiendra à Londres en août prochain a été largement comblé par le luxe de trois délégués officiels très éminents, et j'aurais été amené à demander si l'*Union Provinciale des Arts Décoratifs* ne présente pas au moins autant d'intérêt que ces pompeuses parlotes pédagogiques ? Si son but consistait à réorganiser les Arts appliqués et les Industries d'art au profit des Artisans et des Industriels, n'est pas d'une utilité aussi immédiate ? Et je renonçai à mon projet.

La parole reste donc à M. Dujardin-Beaumetz, nous voulons espérer, malgré tout, que les Pouvoirs Publics réfléchiront à l'importance de l'organisation nationale qui va affirmer sa vitalité, et qu'ils témoigneront de leur sollicitude éclairée en se faisant représenter officiellement à Munich, car le désir que j'ai été chargé d'exprimer nous paraît très légitime.

GRANDIGNEAUX.

Souvenirs et Impressions d'atelier

Les artistes ne prononcent qu'entre eux les noms de leurs confrères. Il y a pour cela des raisons. Elles sont toutes mauvaises, mais de nature et de degré différent cependant. De ce que ceci est senti par des gens étrangers à l'art, sans qu'ils s'en rendent un bon compte, il arrive que quand un artiste de même ordre ou d'un ordre bien supérieur même prononce le nom d'un de ses concurrents avec éloge, et en fait une sincère et bienveillante appréciation, son auditeur en conclut aussitôt qu'il faut, pour être admiré et apprécié de lui, que le concurrent lui impose grandement et le dépasse de beaucoup.

J'ai vu par moi-même les plus iniques conséquences et les inconvénients immédiats frappants et indubitables de cette franchise. Un seul ne peut pas suffisamment réagir contre les influences générales du milieu imposé. Un seul ni plusieurs : mais il en est ainsi en toutes choses bonnes et meilleures, ce qui ne veut pas dire que le courage et la constance y doivent manquer. L'honnêteté n'est pas un commerce qui mène à la fortune, beaucoup ont obtenu ses faveurs et je n'ai pas même rencontré son indifférence.

— Je vous ai trouvé un amateur, me dit dernièrement un de mes amis. Ah ! vraiment tant mieux ! — Oui, un brave homme qui n'y connaît rien, mais qui le regrette beaucoup et qui veut s'exercer ; s'il y parvient un peu, il se laissera aller. Ce serait pour lui un réel plaisir que d'employer pas mal d'argent dont il ne sait que faire. Je lui ai parlé de vous, il veut un de vos tableaux. Je vous l'amènerai à votre jour, à votre heure. Soit, vous les connaissez. — Le monsieur me fut amené, on parla de beaucoup de choses indifférentes. Dans la conversation je nomme un artiste, je ne le connaissais point personnellement, mais j'avais vu plusieurs de ses ouvrages : je le posai comme plein de talent et comme n'étant pas encore apprécié à sa valeur. Mon ami et la personne qu'il amenait sortirent. Au moment de dîner, cette lettre, que je garde précieusement, me fut apportée ; ma femme l'ouvrit et la lut à voix haute. Ce *Benedicite* imprévu fit beaucoup rire les enfants.

« Cher maître, quel homme vous faites ! vous êtes incorrigible, vous vivrez vingt lustres et serez jeune longtemps. Triste horoscope, je vous préviens. Courte et bonne vaut mieux, à mon avis. Mon capitaliste m'a mené malgré moi chez l'artiste éminent dont il ne savait pas le nom tout à l'heure ni moi non plus, et lui a laissé les trois forts billets qu'il vous apportait. Que voulez-vous ! il a plus confiance en vous qu'en moi ; vous êtes du métier et compétent. Quand vous mettez-vous dans les affaires ? ce n'est pas je veuille vous y commanditer.

« Tout à vous.

X

Ce monsieur ne voulait pas absolument s'en aller. Cependant j'avais un rendez-vous.

C'était un homme important, un homme riche, influent, éclairé, quoique je n'aie jamais tiré de lui ni argent, ni faveurs, ni lumières. Dans mon atelier, malheureusement pour moi, beaucoup de gens ne dépensent que leur temps.

Il faut dire qu'il soutenait une thèse magnifique, elle était à mon adresse probablement : à savoir que l'artiste n'a pas le sens commun quand il travaille sans avoir consulté le *goût et les idées du public...*

N'est-ce pas au public que l'artiste s'adresse ? N'est-ce pas le public qui le fait vivre ? N'est-ce pas le public qui le met à son rang et lui donne la réputation ?

Et puis quel est donc l'homme qui prétendrait être jugé dans sa propre cause ? Quel est donc l'égoïste qui ne travaillerait que pour sa seule satisfaction ?

Enfin, il parla si longtemps et si bien que j'ai eu tort de dire au commencement qu'il ne m'avait jamais servi à rien ; lorsqu'il eut fini, j'étais parfaitement convaincu. Or, une conviction de plus est une grosse affaire par le temps qui court.

Je m'habillai et courus à mon rendez-vous, me sentant quelque peu en retard. J'allai assez loin chercher, pour la conduire au Salon, une dame de la province ; c'est la femme du maire d'une de nos plus grandes villes du Nord. J'avais été reçu dans sa maison avec une grande bonté et traité par elle comme un de ses enfants. Nous nous rendîmes aux Champs-Élysées sans perdre de temps. Elle ouvrait de grands yeux et gardait le silence ; j'attendais, sans la vouloir provoquer, sa première parole, et je croyais superstitieusement à un sens plus profond, à une expression plus sympathique, à une allocution plus délicate que n'en avait offert à mes oreilles assourdies le monsieur dont tout à l'heure il fut question.

Cela ne venait point, mais j'y avais d'autant confiance.

Enfin, elle exprima un avis : « Dieu de Dieu ! fit-elle en me serrant le bras, faut-il qu'il y ait tant de gens qui n'aient rien à faire pour trouver le temps de peindre tout cela !... »

Jean PHILIPPE.

PAGES A RELIRE

LE JURY

Le jury a refusé cette année plusieurs ouvrages recommandables : c'est un malheur sans doute, et nous partageons volontiers la colère publique ; mais la conduite du jury n'a rien qui nous étonne, car le jury se compose exclusivement de la quatrième classe de l'Institut. Les musiciens ne votent plus, et leur absence est pour le Salon un avantage incontestable. Mais les juges qui demeurent suffisent très bien à expliquer ce qui arrive. Qu'est-ce, en effet, que la quatrième classe de l'Institut ? Est-ce, comme on le répète partout avec une indifférence proverbiale, l'élite des artistes français ? Cette quatrième classe, tant vantée, réunit-elle dans son sein tous les noms illustres qui laisseront une trace ineffaçable dans l'histoire de l'école française ? Nous sommes loin de le penser ; nous ne méconnaissons pas la gloire et le mérite qui se rencontrent dans l'Académie des beaux-arts, mais nous croyons sincèrement qu'il y a, hors de l'Académie, autant d'inventeurs éminents que dans l'Académie elle-même, et la malveillance n'est pour rien dans notre opinion. Ce n'est pas tout, nous affirmons que l'étude attentive de cette académie démontre, sans réplique, qu'il ne lui est pas possible de prononcer des jugements équitables.

La quatrième classe de l'Institut, comme toutes les académies du monde, pour compléter ses cadres, est souvent obligée de recourir à la médiocrité. Ceci est un fait qui ne souffre pas de contradiction. Comme la mort, pour enlever un homme illustre, n'attend pas la naissance et le développement d'un homme égal, les hommes médiocres sont en majorité dans la quatrième classe de l'Institut. Cet accident, très déplorable, ne doit pas exciter la surprise, car les hommes médiocres, par un travail persévérant, par des amitiés habilement nouées, obtiennent fréquemment une grande popularité, et l'Institut les appelle dans son sein, espérant trouver en eux un utile auxiliaire contre la raillerie et l'inattention. Il resterait à demander pourquoi la médiocrité devient si facilement populaire, mais cette question se résout d'elle-même. Comme la majorité du public n'a reçu en partage que des difficultés vulgaires, le plus court et le plus rapide moyen de réussir n'est pas l'originalité, car l'originalité effarouche avant d'exciter l'admiration ; la méthode la plus certaine et la plus simple est de descendre jusqu'au public, au lieu de l'élever jusqu'à soi. Or, pour réaliser cette méthode, les hommes médiocres ne sont pas obligés de se faire violence ; ils n'ont pas même la peine de descendre ; ils sont sur le même terrain que la majorité de leurs juges ; en demeurant eux-mêmes, ils sont applaudis et ils entrent dans l'Institut par la grande porte, par la popularité.

Après les hommes médiocres viennent les hommes usés. Cette seconde section de la quatrième classe, moins nombreuse que la précédente, se recrute parmi les esprits qui ont fait leur temps. Quand un artiste vraiment nouveau se révèle pour la première fois, il a contre lui, non-seulement tous les noms populaires, mais encore toutes les habitudes routinières de l'opinion publique. Il ne s'agit pas pour lui d'égaler ou de surpasser les artistes habiles ou applaudis, mais bien d'apprivoiser l'entêtement et l'ignorance qui ont pris racine sur le terrain étroit de quelques admirations. Pour remporter cette double victoire, le génie et la fécondité sont des armes trop faibles : la beauté des ouvrages, la hardiesse de la conception, l'expression délicate et sévère des idées les plus nouvelles signifient à peine quelque chose, dans cette bataille livrée chaque jour à l'opinion. Il faut mieux, et plus que cela, il faut avoir vieilli. Qu'un homme à trente ans ait produit trois ouvrages magnifiques, qu'il ait mis, dans chacun de ses ouvrages, assez de force et de grandeur pour défrayer plusieurs centaines de toiles ou de marbres admirés ; peu importe à l'opinion ; la foule ne se dérange pas pour si peu. Réfugiée dans le cercle accoutumé de ses préférences comme dans un port hospitalier, elle ne consent pas légèrement à lever l'ancre : avant de partir pour la pleine mer, elle se consulte longtemps, elle interroge le vent et le ciel ; elle résiste aux apprêts du voyage et jette plus d'un regard sur la rive qu'elle va quitter. Pour ne pas rougir d'elle-même, elle donne à la poltronnerie paresseuse un nom honorable et presque glorieux ; elle ne s'avoue pas qu'elle tremble, mais elle vante sa prudence, et appelle réflexion sa pusillanimité. Si une voix indiscrète propose à la foule un candidat, la foule, pour ne pas se décider, invoque le principe des droits acquis, et, au besoin, se fait de son indolence un devoir de gratitude. Elle voit dans une admiration nouvelle une aventure périlleuse, et dans le culte d'un nom nouveau un océan inexploré, et qui ne peut tenter que des navigateurs sans emploi. Contre un pareil adversaire que peut faire l'homme de génie ? Il s'épuise dans la lutte, il dépense dans les combats d'avant-postes la force qu'il devrait réserver pour les batailles rangées, il éparpille, en ébauches haletantes, l'imagination qui voulait s'épanouir lentement et à son heure. Mais il a lassé l'entêtement et l'ignorance, il a enseigné son nom aux lèvres de la foule, il a dépouillé l'artiste et revêtu l'ouvrier, il s'est vulgarisé ; comme monnaie qui passe de main en main, il a perdu son empreinte, il entre à l'Institut.

Gustave PLANCHE.

(*A suivre*).

Petite Correspondance urgente

— Plusieurs lecteurs, pour faciliter leurs recherches lorsqu'ils ont à compulser la collection de la *Revue*, nous demandent de joindre *un numéro d'ordre* à la date courante.

Nous commencerons ce foliotage dès la rentrée d'Octobre ; pour consulter la date des règlements que nous rappelons au bulletin des Expositions en formation, il suffira alors de se référer au dit numéro d'ordre.

Exemple : au lieu de dire : voir le règlement de l'Exposition de Nancy dans notre N° du 26 Janvier, nous dirons : *voir notre numéro 150*.

— D'autre part, on nous fait souvent grief de publier trop tardivement les règlements en question ; or, en dépit d'un service d'informations auquel nous apportons tous nos soins et que nous perfectionnons chaque jour, la plupart des expositions provinciales se font un malin plaisir de nous envoyer leurs règlements à la veille de leur ouverture.

Quant aux livrets, nos correspondants ne les obtiennent généralement qu'après force démarches. Il ne nous a pas été possible d'en obtenir encore à Calais, à Montpellier, à Toulouse .. Aussi prions-nous instamment nos lecteurs de nous signaler eux-mêmes les expositions auxquelles ils prennent part, afin que nous puissions en aviser nos correspondants en temps utile.

Rappelons encore que la nouvelle loi sur le travail ne nous permet pas de paraître les semaines de grandes fêtes (14 Juillet - Toussaint - 1er Janvier - Pâques - Pentecôte), les ateliers de composition étant fermés durant ces fêtes.

UNE VILLÉGIATURE D'ARTISTES

Le vicomte de L..., qui possède à Spa un fort joli castel, nous a suggéré l'idée de mettre cette résidence à la disposition des paysagistes désireux de fonder une colonie estivale au centre de l'Ardenne belge.

L'éloge de Spa n'est plus à faire, c'est un bijou unique — d'ailleurs fort inconnu — auprès duquel les sites de Fontainebleau sont enfantins. On se rend en Belgique en quelques heures, la dépense est infime et les conditions d'existence sont extrêmement faciles.

L'idée de grouper quelques artistes dans un pays encore inexploité nous a paru intéressante, et nous la soumettons telle quelle à nos lecteurs.

La résidence en question est confortablement aménagée pour recevoir six à huit locataires vivant indépendants ou, à leur choix, sous la direction de l'un d'eux ou du propriétaire qui promet de faire tous ses efforts pour assurer à chacun le maximum de facilités.

Écrire de suite aux bureaux de la *Revue des Beaux-Arts*, le départ est prévu pour fin Juillet, la saison à Spa se prolonge jusqu'à mi-Novembre.

Voir aux prochains Numéros :

LES ARTS DÉCORATIFS

AUX GRANDS SALONS

et les Comptes-Rendus des Expositions de DIJON — MELUN — CHARLEVILLE

AUXERRE — BREST — EVREUX

Au Salon de Nancy

(Suite)

M. Legout-Gérard est le peintre de la Bretagne et des Bretons. *Sa place au marché de Concarneau* est toute grouillante de monde. *Au soleil couchant* nous conduit au bord de la mer où des femmes sont assises attendant le retour des pêcheurs. Ces deux toiles sont traitées avec beaucoup de sentiment et révèlent un artiste connaissant admirablement le milieu et les êtres qu'il représente. La *Petite Rochellaise* de M. Louvernay-Petitjean est une étude de tête très expressive qui apparaît sur un fond vert produit par de l'herbe, car il s'agit ici de plein air. Mlle Landré se complaît à peindre de belles femmes généralement peu vêtues. *Dans un Rêve*, une jeune personne qui s'est débarrassée de tout ce qui pourrait la gêner, est étendue les yeux clos. Une autre petite toile qui nous transporte dans l'atelier d'une blanchisseuse, nous met en présence d'une jeune personne qui a rejeté une partie de ses vêtements pour être plus à l'aise dans le maniement du fer chaud.

M. Hochard est représenté par deux petites toiles *A Paris : Sur les Quais* et *En Province : Le Marchand d'oubli*, où nous rencontrons le talent d'observation habituel à ce maître des scènes de la rue. Citons en passant les *Bœufs au labour* de Mlle Hilda. *Graine de Mer* de M. Grandjerard est un tableau original avec ses trois nageurs dont seule la tête est visible. Nous devons aussi signaler *Avant l'orage*, du même artiste, pour ses qualités d'observation et la belle tenue de ce coin de campagne où se hâte un troupeau au retour.

Le Vieux Vigneron à la face rubiconde et l'*Eternelle Etude* de M. Fougerat, sont deux petites toiles spirituellement peintes, outre que la facture en est ferme et savoureuse.

Le Salut aux braves de M. Dupain nous montre de bien petits personnages dans un cadre bien vaste et qui rappelle un peu trop le décor de théâtre. *L'Intérieur Vosgien* de M. Descelles est une toile de dimension modeste dans laquelle l'artiste a enclos avec beaucoup de sentiment une scène de la vie campagnarde.

M. Max Gillard a essayé, il y a réussi d'ailleurs, de fixer un effet de lumière sur la face d'un chimiste debout devant un four. Sa petite laveuse est aussi à citer.

La Maréchalerie Parisienne de M. Demange manque de sincérité, quoique l'auteur ait fait un grand effort, mais l'attitude des personnages et des animaux n'a pas assez de caractère, ni de vie. Il y a beaucoup de détails dans le *Braconnier* de M. Chabellard. Lui aussi s'est donné beaucoup de mal pour mettre au monde une œuvre peu intéressante. Nous ne ferons pas le même reproche à M. Choca dont la *Diligence en Espagne* est tumultueuse et galopante, tandis que sa *Liseuse* est une délicieuse personne savamment éclairée par les feux d'une lampe voisine. Nous aimons le genre de M. Blessy, l'ami des intérieurs et des scènes familiales. *Femme de l'artiste* est un joli coin d'atelier.

Les animaliers sont généralement peu représentés à nos Salons. *A la porte de l'Auberge* de M. Barillot sont deux bœufs attachés attendant dans la rue leur conducteur. *Abreuvoir à Veulettes* est une scène de la vie campagnarde nous montrant des bêtes fidèlement traitées se rendant au bord de l'eau. Nous ne pouvons oublier les *limiers* de M. Gélibert, ni *Matin de chasse* de M. M. D. Calvès, tableaux brossés avec art. Nous ne pouvons pas oublier non plus les belles roses de M. Bienvêtu ; les fruits se mirant dans une bassine bien reluisante de M. Charbonnier ; les pavots et campanules de M. Cosbron ; les dahlias de M. Kind ; les primevères de Mme Gillard, etc.

Nous terminerons en signalant un port sur l'Adriatique de M. Roullet ainsi que deux marines de M. Timmermans consciencieusement traitées.

Em. N.

(*A suivre*)

L'Exposition d'Amiens

(Suite)

M. Jean Laronze est ici avec un modeste petit tableau : *l'Attente des bâteaux à Berck*, mais combien je préfère cette sincère notation de nos paysages maritimes, où l'atmosphère est exprimée dans toute sa vérité, aux conventionnelles marines des pays méridionaux, toutes fulgurantes, et que la mode a consacrées.

Mme Elodie La Villette est encore parmi les meilleurs de nos peintres marinistes, *La Marée basse à Quiberon* qu'elle nous a envoyée s'impose par des qualités de facture tout-à-fait personnelles. *La maison des Tisserands*, de M. Henry Leroux, révèle un artiste chercheur, imbu de bonnes méthodes ; *le Guet*, de M. Pierre Massin, rappelle par certains côtés la note pittoresque de Gérome et les *Chevreuils* de M. Frédéric Rotig sont d'un animalier averti. J'ai trouvé dans chacun de ces envois un sentiment d'art qui fait souvent défaut dans la production hâtive d'artistes plus notoires.

Nos peintres locaux témoignent d'ailleurs d'une émulation qu'il faut encourager. Louis Van de Velde, en s'inspirant de Thaulow dans ce qu'il a de meilleur, affirme une personnalité des plus curieuses ; Harry Thompson, avec un *Coin de Cour en Picardie*, Maurice Tassencourt, Georges Lefebvre, Jean de Francqueville sont encore à citer dans cet ordre d'idées.

M. Dourouse, élève de Cazin, affirme de belles qualités dans une *Etude de Théoul*, lumineuse et brillamment peinte ; M. Durst, resté égal à lui-même ; et M. Paul Dutholt, dont nous avons admiré les *Nus* au dernier Salon des « Indépendants », prouve encore ici que le style est la première condition d'une belle composition.

Les peintres de *fleurs* : Alfred Audegond, Henry Dumont, Marguerite Hain, Louise Landré ; les peintres de natures-mortes : Ferdinand Attendu, Louis Chrétien, Georges Gascard nous montrent d'excellents envois, composés avec adresse et d'un éclairage assez juste.

Je note encore un joli paysage à l'aquarelle de Mlle Casadavant, un fusain de l'habile dessinateur qu'est M. Albert Legrand, un autre dessin très remarqué de M. Marcel Mangin, une vigoureuse traduction à l'eau-forte du *Concert* de Terburch, par M. Henry Leroux, enfin de M. Warguulz, un *Bouquet d'œillets* prestement lavé à l'aquarelle.

Les arts décoratifs sont assez maigrement représentés. M. Joseph Boulanger présente une banquette (meuble) d'un travail personnel, M. Jules Coudyser une très belle décoration sur velours de Picardie, M. Edmond Douillet un projet qui a été adopté pour la façade de l'Hôtel-de-Ville de Calais, et qui semble bien tenir dans l'air, M. Lucien Gaillard une collection de bijoux d'une exécution brillante.

A la sculpture il faut retenir un groupe harmonieux de M. Louis Leclabart. *Retour de l'Ecole*, d'aimables statuettes de M. Valentin Mollions, un bas relief de M. Albert Obbée, de précieux biscuits par M. Léopold Savine, et de M. César Coribelli un groupe terre cuite, *La Nounou*, modelé de main experte et qui offre aux jeux de lumière des surfaces bien conçues.

R. CHARLY.

Informations

Les envois de Rome. — L'exposition des envois de Rome est ouverte à l'Ecole des Beaux-Arts En voici la liste :

Peinture. — M. Roganeau (1re année), *Nymphée*, toile peinte (dessin d'après l'antique, dessin d'après Michel-Ange) ; M. Leroux (2e année) *Bords du Tibre*, toile peinte ; M. Monchablon (4e année), *La Chicorına*.

Sculpture. — M. Blaise, *la Conscience*, bas-relief en plâtre ; M. Brasseur, *la Cigale et la fourmi*, figure en plâtre d'après Donatello ; M. Larrivé, *Jeune athlète*, *A la fontaine*, esquisse, *Fragments du trône de Vénus* ; M. Pirou, *les Druides*.

Architecture. — M. Bonnot (1re année), Amphore antique et deux dessins ; M. Jaussely (2e année) *Plan du Capitole à Rome, Tabularium au Capitole* ; M. Lefebvre (2e année), *Plafonds des appartements d'Isabelle d'Este au Palais ducal à Mantoue* et plusieurs dessins ; M. Hébrard (3e année), *État actuel du palais de l'empereur Dioclétien à Spalato* et plusieurs dessins ; M. Prost (4e année), *Restauration de la mosquée de Sainte Sophie à Constantinople.*

Gravure en médailles. — M. Mérot (2e année) *la Paix, Dernier poème,* esquisse et d'autres dessins.

Gravure en taille douce. — M. Sorres (1re année) *Portrait de Velasquez* et plusieurs dessins ; M. Bussière (3e année), *la Madone de Saint-Gérôme* et plusieurs dessins.

—o—

Les grandes ventes. — A Londres, où la saison bat son plein, MM. Christie viennent de disperser la collection de tableaux de M. Stéphend Holland.

Les adjudications sensationnelles ont été nombreuses au cours de cette vente, citons : un tableau du Turner, *Mortlake Terrace,* qui avait été adjugé 196.500 francs en 1893, a été acheté 330.750 francs ; une aquarelle du même artiste, *Vue de Heidelberg,* a atteint le prix extraordinaire pour une peinture à l'eau de 110.250 francs. Deux autres toiles de ce maître, *L'orage* et *Le matin après l'orage* ont fait, la première, 141.375 fr. l'autre 202.125 francs.

Un paysage par Constable : *Vue de la cathédrale de Salisbury,* a été acheté 204.750 francs: *Le Transport du blé,* par Linnel, 50.000 fr. *Caller Herrin,* par Millais, 47.250 fr. ; *Napoléon sur le pont de « Bellerophon »* par Orchardson, 42.000 fr.

Les tableaux de l'école française étaient largement représentés : *Vue des bords de l'Oise, le matin* et *Vue des bords de l'Oise, le soir,* par Daubigny, ont été payés 9?.625 et 76.125 fr. ; *Bord de rivière* et *l'Étang,* par Corot, 18.750 et 57.300 fr. ; *Baigneuses,* par Diaz, 77.425 fr. ; *Le bac,* par Troyon, 81.375 fr. ; *Les Glaneuses le matin* et *Les Glaneuses le soir,* par Lhermitte, 65.625 et 82.550 fr. ; *L'Automne,* par Harpignies, 42.000 fr. ; *Moutons à l'abreuvoir,* par Ch. Jacque, 32.800 fr. etc.

—o—

Les croix de l'exposition de Marseille. — Après de nombreux remaniements qui ont modifié sa composition première, la liste des croix attribuées à l'occasion de l'exposition coloniale de Marseille a été définitivement arrêtée par M. Milliès Lacroix et pourra paraître à l'*Officiel* en même temps que la promotion ordinaire du 14 juillet.

—o—

Les amis de Victor Hugo. — Le conseil municipal a décidé qu'on exécuterait quatre médaillons représentant MM. Paul Meurice, Auguste Vacquerie, Charles et François Hugo pour être placés sur les consoles du monument de Victor Hugo à Paris.

—o—

Les monuments. — Un groupe d'amis et d'admirateurs de Paul Sain s'est constitué en comité sous la présidence de M. Jules Claretie, afin de perpétuer la mémoire du peintre regretté, en lui élevant, à Saint-Cénery (Orne), un monument œuvre du statuaire Félix Charpentier.

Les souscriptions seront reçues par M. Paul Bru, directeur de l'hôpital Saint-Antoine, trésorier du Comité, 184 faubourg Saint-Antoine.

— Le conseil municipal de Paris a alloué une subvention pour le monument à élever à Alfred de Vigny.

M. Louis Maubert, auteur du monument à Gambetta et son collaborateur pour la partie architecturale, M. Gaston Bernier, ont reçu les félicitations du Président de la République. Ce monument est de dimensions importantes ; il ne mesure pas moins de 11 mètres de hauteur; Gambetta y est représenté à la tribune, prononçant un discours. L'inauguration aura lieu à Nice en janvier prochain.

—o—

Le Comité et la Commission régionale Parisienne de l'Union provinciale des Arts Décoratifs (Fédération nationale d'Artistes d'Artisans d'ouvriers d'Art et de Sociétés Artistiques) ont tenu mardi une très importante réunion au Café de l'Univers, place du Théâtre Français.

Sous l'éminente présidence de M. Couyba sénateur, assisté de M. Chudant, le dévoué secrétaire général et de M. Grandigneaux, le secrétaire de la commission parisienne, d'importantes délibérations ont eu lieu. Parmi les artistes qui assistaient à cette réunion citons : MM. Franz-Jourdain, Rupert, Carabin, Quenioux, Dubret, Gaillard, Th. Lambert, E. Picard, Bourgoin, Raguel Fonfroide, Milland.

S'étaient excusés MM. Prouvé, Legastellois, Turck, Rivaud, Blanc, Ad. Bloch.

La séance fut entièrement consacrée à la préparation du *Congrès de Munich* qui se tiendra le 6, 7 et 8 août prochain. Des rapports fort intéressants sont préparés et le nombre des adhésions fait prévoir un succès certain.

Nous ne saurions trop engager les artistes artisans ouvriers d'art et sociétés artistiques à envoyer des délégués et à prévenir à cet effet M. Chudant, secrétaire général à Buthiers par Voray (Haute-Saône) ou à M. Grandigneaux, 18 rue de Chabrol, Paris, afin de recevoir les renseignements nécessaires, car cette manifestation aura une portée exceptionnelle.

EXPOSITIONS A VISITER

PARIS

PARIS. — Hôtel Le Peltier de Saint-Fargeau, Exposition du « Paris Romantique », jusqu'au 1er octobre avec conférences chaque vendredi, rue de Sévigné.

FONTAINEBLEAU. — Au Monastère de Barbizon, exposition Pierre Thorel.

PARIS. — Coopérative artistique, 3, rue Laffite. Exposition permanente d'œuvres modernes.

BAGATELLE. — Exposition rétrospective organisée par la Société Nationale des Beaux-Arts, jusqu'au 15 juillet.

PARIS. — Exposition Gaston Latouche, chez Georges Petit, 8, rue de Sèze, jusqu'au 13 juillet.

PARIS. Musée Galliéra, exposition de la Parure.

PARIS. — Musée Guimet, Exposition permanente d'Art ancien.

PARIS. — Au musée des Arts Décoratifs, exposition de l'art théâtral organisée par l'Union centrale des Arts décoratifs, jusqu'au 15 octobre.

PARIS. — Galerie Félix Cavaroc, 10, rue de la Paix, exposition permanente de marbres statuaires d'artistes contemporains.

DÉPARTEMENTS

CHARLEVILLE. — Union artistique des Ardennes. Exposition jusqu'au 26 juillet.

MARSEILLE. — Exposition de l'Electricité (Section de Beaux-Arts).

BEAUVAIS. — Société des Amis des Arts de l'Oise, Exposition des Beaux-Arts jusqu'au 20 juillet.

NANCY. — Exposition annuelle de la Société lorraine des Amis des Arts, jusqu'au 26 juillet.

DIJON. — Société des Amis des Arts de la Côte-d'Or. Exposition des Beaux-Arts, jusqu'au 15 juillet.

CALAIS. — Exposition Internationale avec section de Beaux-Arts jusqu'en octobre

TOULOUSE. — Exposition internationale de mai à septembre, section de beaux-arts.

MELUN. — Société des Amis des Arts. Exposition annuelle du 8 au 26 juillet.

EPINAL. — Exposition de la Société Vosgienne d'Art, du 12 juillet au 30 août.

BREST. — Société des Amis des Arts (salles du musée de peinture). Exposition artistique, du 10 juillet au 10 août.

EVREUX. — Société des Amis des Arts de l'Eure, exposition de peinture du 12 Juillet au 16 août.

AUXERRE. — Exposition des Beaux Arts, du 12 juillet au 31 août.

ÉTRANGER

MUNICH. — Au Palais de Cristal, l'Association générale des Artistes allemands, jusqu'au 15 juillet.

LONDRES. — Exposition Franco-Anglaise, de mai à novembre 1908.

BADEN-BADEN. — Exposition annuelle des Beaux-Arts, au *Badener-Salon,* jusqu'au 30 Novembre.

BUENOS-AIRES. — Exposition des Artistes Français.

EXPOSITIONS PROCHAINES

PARIS

PARIS. — Salon d'Automne, au Grand Palais, du 1er au 30 octobre. Dépôt des œuvres : peinture, gravure, dessin, les 7, 8 et 9 septembre ; sculpture et objets d'art, les 10 et 11 septembre. S'adresser au Grand-Palais, porte C.

PARIS. — Grand Palais des Champs-Elysées, Salon du Mobilier, Je juillet à octobre (section des beaux-arts). S'adresser à M. H. Pairault, 3, passage Nollet, à Paris.

PARIS. — Concours d'affiches organisé par la Société des Petits Fabricants. Pour renseignements, s'adresser au siège social, 187, rue du Temple.

DÉPARTEMENTS

BAYONNE. — Exposition de la Société des Amis des Arts de Bayonne-Biarritz, du 23 août au 25 septembre. Dépôt des œuvres chez M. Robinot 50. rue Vaneau à Paris, jusqu'au 15 juillet. Voir le Règlement dans notre n° du 24 mai.

TOULON. — Exposition des Amis des Arts, en avril 1909. Pour tous renseignements, s'adresser à M. Gabriel Drageon, secrétaire-général, 6, rue Picot, à Toulon.

NANCY. — Exposition internationale en 1909. Voir le règlement dans nos numéros du 15 décembre et du 26 janvier.

ÉTRANGER

MILAN. — Royale Académie, 32, via Umberto. Exposition des Beaux-Arts, du 15 septembre au 1er novembre. Envoi des notices, avant le 31 juillet, des œuvres du 15 au 20 août. S'adresser au secrétaire de l'Académie.

MUNICH — Exposition bavaroise et Congrès de l'Union provinciale française des Arts décoratifs, le 6, 7 et 8 août. Renseignements et adhésions aux bureaux de la « Revue des Beaux-Arts ».

www.ingramcontent.com/pod-product-compliance
Lightning Source LLC
LaVergne TN
LVHW011510180726
843503LV00008BA/3781